EXERCICES FRANÇAIS

Premier Degré

ÉLÉMENTS

Par H. HURÉ

Chef d'institution, à Paris

Enseigner en père de famille.

PARIS

FRÉD. CANTEL, LIBRAIRE-ÉDITEUR

5, RUE HAUTEFEUILLE, 5

EXERCICES FRANÇAIS

Premier Degré

PARIS. — IMP. ED. BLOT, RUE SAINT-LOUIS, 46.

EXERCICES FRANÇAIS

Premier Degré

ÉLÉMENTS

Par H. HURÉ

Chef d'Institution, à Paris

Enseigner en père de famille.

PARIS

FRÉD. CANTEL, LIBRAIRE-ÉDITEUR

5, RUE HAUTEFEUILLE, 5

—

1863

EXERCICES

SUR LA

GRAMMAIRE FRANÇAISE

PREMIER DEGRÉ — ÉLÉMENTS

Nota. On comprend que nous ne donnons ici en réalité que des modèles d'exercices; le maître peut les multiplier et les varier à l'infini.

NOTIONS PREMIERES

(N° 1[1]. — *Le maître dicte quelques phrases à l'élève, et lui fait comprendre en quoi les mots diffèrent les uns des autres.*)

(N° 2. — *Le maître fait une dictée, et fait reconnaître et désigner par l'élève les syllabes et les consonnes.*)

1. Les numéros placés au commencement de chaque exercice indiquent les numéros correspondants de la *Grammaire*.

(N° 3. — *Le maître dicte des noms et fait remarquer à l'élève les deux sortes d'h.*)

(N° 5. — *Le maître fait lire l'élève en l'obligeant à scander les syllabes.*)

(N° 6. — *Le maître fait une dictée à l'élève, il lui montre et lui fait reconnaître les dix espèces de mots, à mesure qu'elles se rencontrent.*)

CHAPITRE PREMIER — LE NOM

§ 1. DÉFINITIONS

(N° 7 [1]. — *L'élève soulignera les noms dans les phrases suivantes.*)

Les récompenses sont destinées aux enfants studieux.

Le palais du prince a été dévoré par la flamme.

Scipion et Annibal furent deux grands généraux.

Enfants, respectez vos parents et vos maîtres.

Cicéron et Fénelon se sont livrés l'un et l'autre à l'étude de la sagesse.

La ville de Londres est la capitale de l'Angleterre.

Après le meurtre d'Abel, Adam eut un troisième fils, nommé Seth.

Travaillez, mes enfants; vous deviendrez des hommes.

---

1. Nous devons le choix de quelques-uns de ces exemples au consciencieux M. Place.

L'arche de Noé s'arrêta sur le mont Ararat, en Arménie.

La géographie est la description de la terre.

La ville de Reims est l'une des plus anciennes villes de France.

L'écriture nous vient des Phéniciens par Cadmus.

Ésaü vendit à Jacob son droit d'aînesse pour un plat de lentilles.

Dieu créa le monde en six jours.

Saint Louis, roi de France, mourut de la peste devant Tunis, en l'an 1270.

Marseille fut fondée, vers l'an 600 avant Jésus-Christ, par une colonie de Phocéens.

La bataille de Tolbiac fut gagnée par Clovis, roi des Francs, en l'an 496.

La Seine prend sa source en Bourgogne.

Joseph fut vendu par ses frères à des marchands, et conduit en Égypte.

(N° 8. — *L'élève soulignera les noms et placera un c sur les noms communs, un p sur les noms propres.*)

La ville de Babylone fut prise par Cyrus, roi des Perses, l'année 538 avant Jésus-Christ.

La première vertu de l'enfant Jésus, c'était la soumission.

Christophe Colomb découvrit l'Amérique en 1492; mais il n'eut pas la gloire de lui donner son nom.

On compte, parmi les hommes qui illustrèrent le siècle du roi Louis XIV, Racine, Boileau, Molière, Bossuet et Fénelon.

Suger, abbé de Saint-Denis, fut l'ami de Louis VI, et le ministre de Louis VII le Jeune.

Le paradis terrestre était arrosé par quatre fleuves : le Géhon, le Phison, le Tigre et l'Euphrate.

Qui donne aux pauvres prête à Dieu.

Jacques Cartier découvrit le Canada en 1534.

Henri II, roi de France, fut tué par Montgommery l'an 1559.

Les prophètes du Seigneur furent persécutés par les Juifs.

A l'âge de vingt ans, David tua le géant Goliath.

L'établissement des postes date du règne de Louis XI.

Les rois d'Égypte portaient le nom de Pharaons.

Le premier homme fut formé du limon de la terre ; Dieu l'anima de son souffle divin et lui donna le nom d'Adam.

L'emploi du temps, mes enfants, constitue la véritable richesse.

Annibal et Napoléon ont gravi tous deux, à plusieurs siècles d'intervalle, le mont Saint-Bernard.

La bière sert de boisson en Angleterre, en Hollande, et dans les pays du Nord où la vigne n'est pas cultivée.

Triptolème apprit aux peuples de la Grèce à cultiver le blé.

§ 2. GENRES

(Nº 9. — *Le maître dicte des noms, et il en fait remarquer à l'élève les différents genres.*)

(Nº 10. — *L'élève soulignera les noms; puis il placera* m *sur les noms masculins, et* f *sur les noms féminins.*)

Que la tendresse d'une mère est une chose admirable!

Jésus est venu annoncer au monde sa divine parole.

Pratiquez la vertu, c'est le trésor du pauvre.

L'empereur Dioclétien ordonna, en l'an 303, une persécution qui coûta la vie à un grand nombre de chrétiens.

La France est le plus beau pays de l'Europe.

Le bruit du canon et le sifflement des balles étaient la musique favorite de Charles XII, roi de Suède.

Qu'il est heureux celui qui possède un bon père!

Aux petits des oiseaux Dieu donne leur pâture.

Tout le monde aime un enfant studieux.

Le dévouement d'Eustache de Saint-Pierre sauva la ville de Calais, l'année 1347.

Aux noces de Cana, Jésus changea l'eau en vin.

Considérez la fourmi : elle invite au travail les hommes paresseux.

C'est d'Héber, fils de Saleh, que les Hébreux ont tiré leur nom.

La première croisade fut prêchée, en l'année 1095, par Pierre l'Ermite.

N'abandonnez nulle chose au hasard : faites petite besogne, faites bonne besogne.

Les cartes à jouer furent inventées pour distraire Charles VI dans sa folie.

L'imprimerie fut découverte par Gutenberg à Mayence en l'an 1436 : les premiers essais en furent faits à Strasbourg.

Le tabac fut apporté en France par l'ambassadeur Jean Nicot.

(N° 11. — *L'élève mettra au féminin les noms masculins qui suivent.*)

Paysan. — Pâtissier. — Français. — Acteur. — Prêtre. — Lion. — Chat. — Citoyen. — Meunier. — Baron. — Allemand. — Boulanger. — Empereur. — Directeur. — Anglais. — Loup. — Prince. — Polonais. — Musicien. — Voleur. — Chasseur. — Guerrier. — Vendeur.

Nègre. — Rival. — Bûcheron. — Débitant. — Débiteur. — Roi. — Berger. — Improvisateur. — Maître. — Serviteur. — Bienfaiteur. — Demandeur. — Duc. — Vendangeur. — Fileur. — Danseur. — Rôtisseur. — Lecteur. — Musulman. — Instituteur. — Ambassadeur. — Auteur, etc.

L'élève mettra au masculin les noms féminins qui suivent.

Chienne. — Tutrice. — Écolière. — Romaine. — Sabine. — Sicilienne. — Anesse. — Cantatrice. — Moissonneuse. — Hongroise. — Vicomtesse. —

Spoliatrice. — Grecque. — Archiduchesse. — Turque. — Marchande. — Blanchisseuse.

Voyageuse. — Journalière. — Dessinatrice. — Américaine. — Repasseuse. — Fermière. — Commerçante. — Marquise. — Tigresse. — Quarteronne. — Autrichienne. — Confiseuse. — Métisse. — Riveraine. — Gauloise. — Mulâtresse. — Meunière. — Druidesse. — Lyonnaise, etc.

§ 3. NOMBRES

(N° 12. — Le maître dicte des noms, et en fait remarquer à l'élève les différents nombres.)

(N° 13. — L'élève soulignera les noms; puis il placera s sur les noms singuliers, pl sur les noms pluriels.)

Le plaisir de la paix est plus grand que les jouissances de la victoire; en effet, nos joies calmes ne coûtent de larmes à personne, des plaintes ne troublent pas nos concerts, et nos rires procurent toujours à autrui quelque douceur : mais le triomphe laisse encore entendre les cris des vaincus et il a quelque chose de l'éclat attristant des funérailles.

La France est divisée en quatre-vingt-neuf départements.

Dieu frappa les Égyptiens de dix plaies pour les punir de la cruauté qu'ils exerçaient envers les Hébreux.

Charles Martel gagna sur les Sarrasins la bataille de Poitiers, l'an 732.

L'Europe se divise en seize contrées.

Jacob eut une fille, et douze fils qu'on appelle chefs de tribus.

C'est à la fin du règne de Charlemagne que les Normands commencèrent la série de leurs invasions.

La ville de Jérusalem fut prise par Titus en l'an 70, et beaucoup de citoyens périrent durant le siége.

Noé mit cent ans à la construction de l'arche.

Aristote, l'un des plus grands philosophes de la Grèce, avait été le précepteur d'Alexandre.

Sous le nom de leurs dieux, les païens en réalité rendaient leur hommage à tous les vices de l'humanité.

Le siècle de Louis XIV a été particulièrement fertile en grands hommes.

(N° 14. — *L'élève mettra au pluriel les noms singuliers qui suivent.*)

La tulipe de ma tante. — La feuille de l'arbre. — La mère et l'enfant. — Craignez la langue du calomniateur. — Le petit lion. — L'exploit du vainqueur. — Le chant de la fête. — La fleur du jardin. — Le père et l'enfant. — La feuille du chêne.

L'église de la ville. — Le bœuf du laboureur. — Le chant du vigneron. — Consolez la veuve et l'orphelin. — L'arbre du verger. — La leçon du maître. — Le départ du matelot. — Une plante nuisible. — Le doux murmure de la fontaine.

Le renard et la poule, le chat et la souris, le lion et le tigre. — La branche de l'arbre. — Le loup de la forêt. — Le père et la mère. — Le livre de l'enfant. — Le nid de l'oiseau. — Le cerf et le sanglier. — Le chasseur et le lièvre. — Le coq et la poule. — Le pigeon du colombier.

Le camp de l'ennemi. — La chaumière du pauvre. — L'écureuil et la petite fille. — La prairie et le champ. — Le mètre et l'aune. — Le serviteur et la servante. — La récolte de la moisson. — Le retour du vendangeur. — La route, le chemin, le sentier. — Le gilet et le pantalon. — Le poêle et la cheminée.

(N°s 15 et 16. — *L'élève mettra au pluriel les noms singuliers qui suivent.*)

La belle voix. — La brebis de mon troupeau. — Le superbe velours. — Prenez ce gâteau. — Le jeu de l'enfant. — Poussez le verrou. — Qu'on bouche ce trou. — Le caillou du chemin. — L'amiral français. — Le gros bétail n'est pas toujours un gras bétail. — Le travail du champ. — Le bail de la ferme. — Le cheval de la voiture.

Alexandre. — Gâteau. — Michel-Ange. — Amitié. — Perroquet. — Fusil. — Fourchette. — Angleterre.

Le temps ancien. — Le pays de mon ami. — La coutume de notre aïeul. — Le canal de la France. — L'arsenal de ce royaume. — Recevez cet adieu. — La croix de l'élève. — Un tuyau de fonte. — L'étal du boucher. — Le bocal de cornichons. — Le crucifix de la chapelle. — Le râteau du jardinier.

1.

Le total de l'addition. — Dans le chagrin, tu invoqueras le ciel. — Le portail de l'église. — Le gaz de la rue. — Mangez cette noix. — Le bateau de l'étang. — La perdrix au chou. — Le hibou de la forêt. — Le tapis du cabinet. — Le compas de l'écolier. — Le lis de la vallée. — Le bail de la maison.

Le matelas du lit. — L'amas de décombres. — Le cheval de cabriolet. — Le marteau du forgeron. — Le bal de la préfecture. — L'éventail de la duchesse. — Le maréchal de l'empire. — Le caporal d'ordinaire. — Le tableau de Rubens. — L'étau du serrurier. — L'essieu de la voiture. — Le château impérial.

§ 4. ANALYSE

(N° 17. — *L'élève analysera les noms suivants.*)

Esclave. — Roi. — Napoléon. — Seine. — Classe. — Livres. — Table. — Mémoire. — Volonté. — Paris. — Jours. — Afrique. — Maréchaux. — Mains. — Tabac. — Evénements. — Marie Stuart. — Chrétien. — Paysanne. — Pharamond. — Tableaux. — Conjuration.

Souvenir. — Travail. — Princesse. — Décembre. — Romains. — Homme. — Vienne. — Femme. — Fusil. — Arbres. — Forêts. — École. — Voleur. — Bruit. — Tempête. — Les Saintes. — Serviteur. — Vaisseau. — Couteau. — Singe. — Paletot. — Les Moulineaux. — Paroisse.

CHÁPITRE II — L'ARTICLE

§ 1. DÉFINITIONS

(N° 18.— *Le maître dicte des noms précédés de leurs différents articles et il en fait remarquer à l'élève la forme, le genre et le nombre.*)

(N° 19. — *L'élève soulignera les articles dans les exemples suivants.*)

Le père, la mère et les enfants.

Les chrétiens marchaient au martyre avec joie.

J'aime la couleur de la fleur du jardin.

Nous assistons aux combats des guerriers.

Il faut aller à la messe le dimanche.

La maison d'un père est, pour un enfant, le plus beau de tous les palais.

J'aime les livres de la bibliothèque.

Admirons les vertus du sage.

Les soldats partent pour la guerre.

Un roi et un berger sont égaux après la mort.

L'Italie est située sous un des plus beaux ciels du monde.

Le colonel a donné des ordres aux officiers.

Le chien et le chat ne s'aiment pas.

Les tambours battent aux champs sur le passage de l'Empereur.

L'Europe, l'Asie, l'Afrique, l'Amérique et l'Océanie forment les cinq parties du monde.

A la fin du monde, les bons seront récompensés et les méchants seront punis.

L'oisiveté est la mère de tous les vices.

Après la mort du roi Saül, en 1506 avant J.-C., le jeune David régna sur les Hébreux.

Ce fut dans les plaines de Sennaar, entre le Tigre et l'Euphrate, que les descendants du patriarche Noé élevèrent la tour de Babel, ou de la Confusion.

(N° 20. — *L'élève mettra devant les noms qui suivent l'article qu'il convient de mettre.*)

.. Seigneur aime ... hommes. — ... enfants aiment .. temps ... récréations. — Nous verrons ... Français combattre ... Anglais. — Assistons à .. fête.. village. — J'ai reçu ... encouragements. — .. prière élève ..âme. — .. Sainte Vierge fut .. mère .. Christ. — ... anciens habitants de ..Auvergne se nommaient ... Arvernes.

.. premier jour, Dieu créa .. lumière. — Allez ... champs recueillir .. fruit de vos peines. — .. cacao fut découvert .. Mexique ..an 1521. — .. terre tourne autour du soleil. — .. écriture et .. lecture sont ... clefs ... arts et ... sciences. — A .. campagne on aime à entendre .. chant ... oiseaux.

Isaac fut .. père de Jacob. — Celui qui parle contre .. vérité fait .. mensonge. — Celui qui met ..frein à .. fureur ... flots, sait aussi ... méchants arrêter ... complots. — ... Israélites dans .. désert mangèrent de .. manne qui tombait .. ciel.. matin avant .. lever .. soleil. — ... petits animaux Dieu donne .. pâture, et sa bonté s'étend sur toute .. nature.

§ 2· **REMARQUES**

(N° 21. — *L'élève mettra le ou la à la place de l'.*)
L'amitié doit avoir la pureté de l'or.

Si emporté que vous soyez, retrouvez l'humanité au pied de l'autel.

L'avare est l'homme qui amasse sans cesse de l'argent.

A l'œuvre on connaît l'artisan.

A l'approche de l'automne, l'hirondelle quitte la France.

L'économie est mère de l'aisance.

L'année prochaine, nous passerons l'hiver à l'entrée de l'Italie.

L'existence de Dieu soutient l'espérance de l'affligé.

L'habit ne fait pas le moine.

L'hospitalité était l'honneur le plus appréciable de l'antiquité païenne.

Montez sur l'impériale, et nous, nous irons dans l'intérieur.

L'harmonie est l'union concordante de plusieurs sons.

L'antiquité croyait à l'existence de quatre éléments : la terre, l'eau, le feu et l'air.

L'infortuné poëte Gilbert est mort à l'hôpital.

Assistez à l'interrogatoire de l'accusé ; mais n'assistez pas à l'exécution.

L'année a quatre saisons : le printemps, l'été, l'automne et l'hiver.

Les quatre contrées du midi de l'Europe sont : le Portugal, l'Espagne, l'Italie et la Grèce.

L'amour de Dieu pour l'homme a fait l'admiration de tous les siècles.

(N° 22. — *D'après le sens de la phrase, l'élève mettra devant le nom* le, la, les *ou* un, une, des, etc.)

J'aime ... vins de Bourgogne, mais le Bordelais produit aussi ... vins renommés. — Appliquez-vous : vous recevrez ... récompense. — Recevez .. récompense de vos efforts. — Je vous donnerai ... belle image.

Oh ! .. belle image ! — ... vers à soie furent apportés ... Indes. — ... travaux ... savants sont utiles en bien ... circonstances. — ... grandes et ... fortes pensées viennent .. cœur. — C'est en automne que tombent ... feuilles ... arbres. — .. père est .. ami donné par .. nature. — .. Grèce a produit ... grands hommes dans tous ... genres. — ... templiers furent brûlés, par ... ordre de Philippe le Bel, sur un infâme bûcher en .. année 1312. — ... sept notes de .. musique furent inventées par .. moine, nommé Guy d'Arezzo.

Louis IX gagna .. année 1242 sur ... Anglais .. célèbre bataille de Taillebourg, le même jour suivie ... autre, .. bataille, de Saintes. — Louis VI, dit .. Gros, mourut .. an 1237 .. .. dyssenterie subite. — .. système ... communes était .. association ... bourgeois sous .. maire et ... échevins. — .. bon mot peut entamer la réputation, comme ... bonne lame entame .. chair.

§ 3. **ANALYSE**

(N° 23. — *L'élève analysera les articles et les noms qu'ils déterminent, dans les phrases suivantes.*)

Le troupeau du berger a été dispersé.

Louis XII fut surnommé le père du peuple à l'assemblée des états généraux de l'année 1506.

L'invention de la gravure sur bois date du règne du roi Charles VII.

Les sauvages peuvent vivre heureux au milieu des forêts.

Le labourage et le pâturage, disait Sully à Henri IV, sont les deux mamelles de l'État.

Charlemagne fonda des écoles, et appela auprès de lui des savants étrangers. Dans son école royale, il donnait l'exemple de l'assiduité.

Un regard sombre, une humeur jalouse, décèlent un mauvais cœur.

Les villes de Sodome et de Gomorrhe furent ensevelies dans des flots de feu.

Je vous annonce avec un profond chagrin que le drapeau du régiment est tombé aux mains des ennemis.

La gloire est souvent hostile au bonheur.

Les petits ruisseaux font les grandes rivières.

Le plus court des mois, c'est le mois de février.

Le chien annonce la présence des étrangers.

Les Juifs ont commis l'erreur de crucifier le Messie qu'ils attendaient.

CHAPITRE III — L'ADJECTIF

§ 1. DÉFINITIONS

(N° 24. — Le maître dicte des adjectifs accompagnés de noms, et il en fait remarquer à l'élève le genre, le nombre, l'accord, la classe, etc.)

(N° 25. — L'élève soulignera les adjectifs qui se rencontrent dans les phrases suivantes.)

Pensez à ce dernier moment qui vous séparera de vos chers parents.

Les bonnes lois font les peuples paisibles.

Je suis allé dans votre jardin : j'y ai vu de belles fleurs et des arbres magnifiques.

Tout homme peut se tromper, si instruit qu'il soit.

Quatre hommes lâches ne valent pas un homme courageux.

Que votre père et votre mère soient contents de vos progrès !

Soyez pauvres, mais soyez honnêtes.

Une lumière vive et rayonnante brilla sur la tête divine de Notre Seigneur à sa glorieuse transfiguration.

Que vous serez heureux si vous êtes sages, pieux et instruits !

Obéissez aux lois sages et protectrices de la patrie : vous serez dignes d'être appelés ses fidèles enfants.

La malheureuse Marie Stuart fut décapitée par les ordres cruels de la sévère Élisabeth en l'année 1587.

Aucun livre, tant des philosophes anciens que des philosophes modernes, ne peut être jugé comparable au saint Évangile.

Il est juste d'aimer les autres hommes, il est nécessaire d'aimer son Dieu.

L'humble chaumière du paysan laborieux mérite plus nos respects que les fiers châteaux des hommes oisifs.

§ 2. LES QUALIFICATIFS

(N° 26. — *L'élève soulignera les adjectifs qualificatifs.*)

Voulez-vous être agréables : soyez modestes et polis.

Les hommes grossiers et prétentieux sont détestés, même lorsqu'ils ont de belles qualités.

Le chat est caressant, mais il est rusé ; le chien est sensible et dévoué.

Louis XI fut superstitieux et cruel ; il se montra partout redoutable aux grands.

Les rennes sont des animaux d'une grande utilité pour les Lapons, ce peuple malheureux.

Le cheval est le serviteur dévoué et l'ami fidèle de l'Arabe.

Dieu abaisse des regards complaisants sur l'enfant pieux et obéissant.

L'aveu franc et loyal d'une faute, si grande

qu'elle soit, dispose un père à se montrer indulgent et tendre à l'égard de son enfant.

L'hiver rend la nature triste : un froid piquant engourdit tous les êtres; les animaux sauvages se blottissent dans leurs retraites profondes; les arbres nus semblent morts; les petits oiseaux cessent leur doux ramage.

J'aime, quand la nuit est sombre, entendre le frémissant murmure des peupliers qui chuchotent avec les vents discrets.

(N°ˢ 27 *et* 28. — *L'élève mettra au comparatif, au superlatif relatif et au superlatif absolu les adjectifs suivants.*)

Beau, petit, touffu, timide, bas, grand, fertile, bon, généreux, redoutable, mauvais, obscur, prudent, clair, court, puissant, habile, vaillant, fort, lâche, puissant, utile, fertile, illustre, tortueux, charmant, malheureux, vieux, blanc, nouveau, pur, malin, épais, amer, industrieux, obéissant, modeste, etc.

§ 3. LES DÉTERMINATIFS

(N° 29. — *Le maître dicte des adjectifs déterminatifs accompagnés de noms, et il en fait remarquer à l'élève les cinq différentes sortes.*)

(N° 30 et 31. — *L'élève soulignera les adjectifs numéraux et possessifs.*)

L'armée se composait de cent cinquante mille hommes de pied, de vingt-six mille chevaux et de quatre cents canons.

Faites votre devoir, le Seigneur défendra votre cause.

Mon cousin nous a envoyé son cheval et sa voiture.

Honorons nos amis, puisqu'ils mettent leur gloire à nous aimer.

Dieu créa le ciel et la terre par sa parole en sept jours : le premier jour, il fit la lumière, le deuxième jour, il fit le firmament.

En mil huit cent cinquante-cinq, la ville de Sébastopol fut prise après un siége de trois cent trente jours.

Le méchant n'est jamais sûr de son sommeil : sa conscience n'est pas tranquille et elle trouble son repos.

Henri IV fut assassiné en mil six cent dix.

François Ier monta sur le trône en quinze cent quinze.

Vingt fois sur le métier remettez votre ouvrage.

Napoléon est mort le cinq mai mil huit cent vingt-un.

Le massacre de la Saint-Barthélemy eut lieu en quinze cent soixante-douze : l'amiral de Coligny y périt avec son neveu et ses amis.

Le premier qui fut roi fut un soldat heureux ; qui sert bien son pays n'a pas besoin d'aïeux.

Honorez votre père et votre mère, et Dieu prolongera votre vie sur la terre.

Les mille forment une unité du quatrième ordre.

Abraham mourut à l'âge de cent soixante-quinze ans : son fils fut Isaac.

(N°s 32, 33 et 34. — *L'élève soulignera les adjectifs démonstratifs, interrogatifs et indéfinis, et dira à quelle catégorie ils appartiennent.*)

Quel est ce vieillard qui s'avance guidé par cette jeune fille? C'est sans doute quelque malheureux exilé.

Avez-vous fait cette semaine chacun de vos devoirs? Oui, j'ai tout fait.

Cet écolier mérite quelques éloges. Quels enfants ne chercheraient pas à l'imiter?

Quel homme plus grand et plus illustre que ce saint Louis, qui fut roi de France?

Plusieurs périrent dans ce naufrage; plusieurs s'échappèrent à la nage.

Tous les hommes sont mortels; mais quelques bienfaiteurs de l'humanité vivent encore après leur mort.

Chaque matin adressez votre fervente prière à Dieu.

Quelles guerrières rendirent leur nom fameux? Jeanne d'Arc et Jeanne Hachette.

Aucun homme ne peut être heureux, s'il ne veille au bonheur des autres hommes.

Vous avez eu maintes occasions de bien faire, et vous les avez négligées presque toutes.

Cet homme et cette femme sont malheureux : donnons leur quelques secours.

Il est à plaindre, cet infortuné qui n'a pas un ami à qui confier ses peines.

Qui a créé ce monde? qui le conserve? qui gouverne toutes choses? C'est Dieu.

Chaque instant de la vie est un pas vers la mort.

Gardez-vous de juger un homme quelconque par sa mine, sur cette apparence extérieure, cause de toutes nos erreurs.

§ 4. LE GENRE DES ADJECTIFS

(N°s 35, 36 et 37. — *L'élève mettra au féminin les adjectifs qui suivent.*)

Prudent, épais, facile, secret, pareil, saint, gros, dévot, sot, admirable, charmant, sensé, parisien, complet, cruel, mauvais, puissant, vrai, facile, prompt, souverain, sanglant, latin, innocent, affable, analogue, rond, hardi, véhément, exigu, haut, plein, paisible, succulent.

Fort, pur, chaud, bleu, dur, précis, vermeil, replet, manchot, gras, taquin, clair, noir, croyable, bavard, transparent, amusant, nouvel, fin, vieillot, conditionnel, essentiel, net, originel, fripon, moyen, solennel, poltron, intellectuel, fol, ponctuel, bon, original, etc.

(N°s 38, 39, 40 et 41. — *L'élève mettra au féminin les adjectifs qui suivent.*)

Paresseux, vif, mousseux, trompeur, acteur, devineur, mou, blanc, public, danseur, intérieur, nouveau, franc, plaintif, heureux, instructif, premier, lumineux, ménager, frais, boudeur, vieux, chétif.

Acteur, laborieux, expéditif, flatteur, léger, long, altier, interrogatif, moqueur, doux, vieux.

malin, bref, neuf, menteur, heureux, entier, benin, causeur, passager, maladif, demandeur, favori, faux, tracassier, rébarbatif, cher, turc, inquiet, portatif, châtain, sec, grossier, venimeux, concret, vigoureux, pleureur, printanier, grec, etc.

§ 5. LE NOMBRE DANS LES ADJECTIFS

(N°s 42, 43 et 44. — *L'élève mettra au pluriel masculin et féminin les adjectifs qui suivent.*)

Frugal, gris, neuf, exquis, nouveau, original, final, pieux, mou, grec, mortel, confus, principal, glacial, nul, épais, têtu, gourmand, frugal, blanc, noir, invincible, laborieux, agréable, grand, beau, instructif, bon, généreux, récréatif, studieux, nocturne, petit.

Joli, riche, commerçant, arbitre, escarpé, utile, délicieux, ancien, rare, indulgent, franc, loyal, jeune, spacieux, naval, rouge, vaste, intéressant, distingué, doux, profond, brillant, vif, nombreux, limpide, désert, cruel, pur, vindicatif, méridional, odorant, rural, hideux, principal, conjonctif, niais, naïf, résineux, long, immoral, fou, naval, bleu, royal, frais, gras, pascal, etc.

Violet, bleu, jaune, vert, précieux, capiteux, vermoulu, brun, divin, affable, puissant, pointu, carré, noueux, général, sain, bavard, étroit, fleuri, gai, sincère, friand, turbulent, étrange, rétif, exact, matinal, soumis, épais, léger.

§ 6. RÈGLES D'ACCORD

(N°s 45, 46 et 47. — *L'élève fera accorder l'adjectif avec le nom auquel il se rapporte* [1].)

Quel sont les *meilleur* terres pour les fruits? celles qui sont *sec* et *sablonneux.*

Pierre est *méchant,* Louise est *menteur;* je ne puis souffrir *ce* deux enfants *désagréable.*

Le lion et la lionne sont *plein* de générosité.

Mon sœur et *son* cousine sont bien *content* de vous voir.

Vous avez le nez et les oreilles *droit.*

Écoliers, si vous êtes *paresseux;* écolières, si vous êtes *bavard* vous resterez toujours *ignorant.*

Les amazones étaient des femmes *belliqueux.*

Écoutez la parole *saint* avec une attention *soutenu.*

Le roi Pharaon vit en songe sept vaches *gras* et sept *autre* vaches *maigre.*

L'année *dernier,* j'ai parcouru l'Europe *entier.*

Le Français et l'Anglais sont *rival* sur mer.

L'histoire et la géographie sont *utile* et *instructif.*

Si *grand* et si *glorieux* qu'elles soient, les guerres sont toujours *désastreux.*

Calypso était *inconsolable;* elle se trouvait *malheureux* d'être *immortel :* elle se promenait *seul* sur le gazon *fleuri* dont un printemps *éternel* bordait *son* île.

---

1. L'adjectif, dans ces exercices, est toujours au singulier masculin.

Les personnes *malade* ont droit à nos plus *grand* égards.

Ce étoffe et *cé* toile sont *neuf.*

Une fille *sage* et *laborieux* deviendra une épouse *vertueux* et une mère *devoué.*

§ 7. ANALYSE

(N° 48. — *L'élève analysera les adjectifs suivants, ainsi que les noms et les articles, sur la demande du maître.*)

Londres est une des plus grandes villes du monde : elle est très-populeuse.

Monge, l'un des fondateurs de l'École polytechnique, fut un savant distingué.

Quel est ce village? C'est le mien.

Mon père voyage avec ma sœur, et sa santé est très-faible, encore plus faible qu'elle n'était l'an dernier.

On est bon à tous les degrés; mais le meilleur de tous les hommes est celui qui est le plus utile.

Louis XV mourut le dix mai mil sept cent soixante-quatorze.

Mon frère a été le quatrième et mon cousin le septième dans la dernière composition.

Jeanne d'Arc, cette fille jeune et vertueuse, fut brûlée à Rouen par les Anglais, l'année quatorze cent trente et un.

Ah! qu'elle sont dévouées les saintes filles qu'on a nommées sœurs de charité! chaque malade est soigné par elles comme leur frère : ce sont des femmes angéliques.

Les armées romaines, nombreuses et puissantes, devaient évidemment rester victorieuses des autres nations ignorantes et divisées.

On vit plus heureux, si la conscience est pure, dans une pauvre chaumière, que dans un riche palais avec des remords dévorants.

Léonard de Vinci, l'illustre peintre, nous a laissé un admirable tableau, la Cène.

CHAPITRE IV — LE PRONOM

§ 1. DÉFINITION ET DIVISION

(N° 49. — *Le maître montre à l'élève à remplacer les pronoms par des noms soulignés.*)

Mes amis, voulez-*vous* que vos parents *vous* aiment et que le monde *vous* estime, soyez toujours *ce que vous* voulez paraître.

Si *je* sais ma leçon, *cela me* procurera des éloges.

Le menteur *se* nuit à *lui-même;* au lieu de *s'*attirer la gloire *qu'il* recherche, *il* voit *chacun lui* prodiguer le mépris.

Dieu *qui nous* voit et *qui nous* aime, *nous, ses* enfants, ne veut pas que *nous* fassions le mal.

Je ne conçois pas le capricieux : tantôt *il* pleure, tantôt *il* rit.

Les défauts de Pierre le Grand furent *ceux* d'un soldat, ses vertus *celles* d'un grand homme.

Je te prêterai mon livre, si *tu me* prêtes *le tien*.

Écoute l'opinion d'*autrui*, sans pour *cela* renoncer à *la tienne*.

On ne connaît le malheur que lorsqu'*on s*'écarte de la vertu.

Vous voyez une paille dans l'œil du voisin, et *vous* ne voyez pas une poutre dans *le vôtre*.

Ne maudissons pas notre sort ; d'où vient que *personne* n'est content du *sien?*

Jean le Bon, qui régna en 1350, avait un noble cœur : *il* disait que, si la bonne foi était bannie de tous les cœurs, on devait la retrouver dans *celui* d'un roi.

Pendant que *vous vous* promenez, moi, *je travaille*.

La grenouille *se* gonfla tant qu'*elle* creva.

(N° 50. — *Le maître montre à l'élève à remplacer par des pronoms les mots soulignés.*)

Si l'on veut éviter la guerre, qu'on ne craigne pas *la guerre*.

Ce cheval est méchant, n'approchez pas de *ce cheval*.

La vertu semble quelquefois se fatiguer : mais *la vertu* sera récompensée.

Voici une fleur : *fleur* me plaît infiniment.

Les belles étoffes ! *Mon étoffe* est bleue, *ton étoffe* est grise, *son étoffe* est violette.

Antoine et Octave semblaient amis ; *Antoine et*

Octave firent cependant la guerre à *Antoine et à Octave; Octave* vainquit *Antoine.*

Les rats dévorent *les rats* entre *rats*, pour peu que la faim pousse les *rats*.

L'homme oublie plus de choses que *l'homme* ne retient de *choses.*

Le bœuf, *lequel bœuf* est l'animal domestique par excellence, rend à la terre autant que le *bœuf*, tire de la terre.

Le nom, *lequel nom* Napoléon a fait à *Napoléon* vivra éternellement.

§ 2. LES SIX ESPÈCES DE PRONOMS

(N°⁵ 51 et 52. — *L'élève soulignera les pronoms et mettra* a *sur les articles* le la les.)

Je me demande si vous parlez sérieusement, quand vous affirmez que vous faites des fautes malgré vous : prétendez-vous dire, puisque vous les commettez malgré vous, que vous les évitez sans y prendre garde ?

Vous vous flattez à tort d'être instruit, j'en ai peur, si vous ne continuez pas à étudier.

Le sage imite la fourmi, qui l'été amasse du grain, afin de le retrouver l'hiver.

Domptez la colère : si elle n'est pas soumise, elle commande; craignez-la : elle oublie le respect et la dignité.

Quand les enfants sont modestes, toujours on les recherche

Quand les enfants demandent des choses dérai-sonnables, on doit les leur refuser.

Obéis, si tu veux qu'on t'obéisse un jour.

Heureux qui peut se dire : « Jamais je ne fis tort à personne ! »

Une femme disait en touchant la robe de Jésus : « Si je la touche, je serai guérie. » Elle avait la foi.

La sottise n'est méprisable que si la vanité s'y joint.

La Rochejacquelein disait à ses soldats avant la bataille : « Si j'avance, suivez-moi; si je recule, tuez-moi; si je meurs, vengez-moi. »

(N° 53. — *L'élève mettra le pronom nécessaire à la place des points.*)

Vous avez lu mon livre, . . . êtes-vous content? — Les ennemis l'ont pris ; .. s'est rendu. — Ces dames sont vertueuses, je veux m'.. faire estimer. — Aimez qu'on .... conseille, et non pas qu'on .... loue. — Plus d'un général a vu la victoire ... échapper.—Votre avis est sage et je m'. conforme.

Si l'enfant devient un homme, c'est à sa mère qu'il .. doit. — Judas vendit Jésus et s'.. repentit. — Je recueillerai le profit seul; puis, réunissant mes amis, je ...... ferai part. — Le mal grandit; il faut . mettre obstacle. — L'affaire est sérieuse : pensez . sérieusement. — Le beau gâteau ! donnez m' .. un morceau.

Nous finissons par .... ennuyer des choses qui .... charmaient le plus au commencement. — Aimez .... les uns les autres. — J'entends le bruit de la cataracte, je m'.. rapproche. — Le général n'est pas loin : je me rapproche de ... — L'enfant est docile : je veux bien ... donner mes conseils. — Les frontières sont envahies : courons . tous.

(N°s 54 et 55. — *L'élève soulignera les pronoms, puis il mettra un p sur les possessifs, un d sur les démonstratifs.*)

L'égoïste veut des efforts; il ne compte pas sur les siens, mais sur ceux des autres.

Les devoirs de société nous semblent moins pénibles que ceux que notre état nous impose : ceux-ci sont cependant moins difficiles que ceux-là.

L'homme est capricieux : ce qu'il goûte n'est pas toujours ce que son cœur a désiré.

La grammaire est plus difficile que l'histoire : celle-ci est presque aussi utile que celle-là.

Si le menteur ferme son cœur à la franchise, ouvrons-lui le nôtre.

Héraclite et Démocrite étaient fort différents : celui-ci riait sans cesse, celui-là pleurait toujours.

En consolant autrui de ses douleurs, nous sentons moins les nôtres.

Pharaon tira son anneau du doigt, et il le plaça à celui de Joseph.

Ceux qui admirent la cathédrale de Paris savent-ils que ce chef-d'œuvre est de Philippe-Auguste, puisqu'il donna l'ordre de l'élever ?

Voici le mien, voilà le tien : c'est une source de désordres et de malheurs.

Vous donnez sottement vos qualités aux autres ! Fort impertinemment vous nous jetez les vôtres !

(N°s 56, 57 et 58. — *L'élève soulignera les pro-noms, puis il mettra* r, int. *ou* ind. *sur les relatifs, interrogatifs ou indéfinis.*)

Lequel est le plus sage de vous ou de votre frère?

Vous qui pleurez, venez et je vous consolerai.

Tout a été créé par Dieu.

Nul ne sait s'il vivra demain.

J'ai vu le portrait que vous avez fait.

Quel est cet homme qui s'avance vers nous?

J'ai tout perdu, il ne me reste plus rien.

Quoi! c'est vous qui pleurez, et c'est moi qui vous console?

A quoi donc songent-elles en ce moment?

Sésostris mort, tout Égyptien crut avoir perdu son père.

Quiconque a le cœur pur doit être heureux.

Hélas! dans ce siècle, chacun ne songe qu'à soi.

Est-il quelqu'un qui se flatte de réussir tou-jours?

On est heureuse quand on est mère et quand on est adorée de ses enfants.

Ainsi est le monde : on est amis aujourd'hui, l'on est rivaux demain.

Se mettre en colère contre un méchant, c'est se punir soi-même des fautes d'un autre.

Comment se fera la réunion du corps et de l'âme? C'est ce que sait le Dieu qui a fait et rompu leur première alliance.

L'ivresse est le plus honteux des états dans lesquels un homme puisse tomber.

§ 3. RÈGLE D'ACCORD

(N° 59. — L'élève observera la règle d'accord des pronoms qui suivent, et fera connaître à quel nom ou à quel pronom ils se rapportent.)

Elle est prudente : sa sœur est inconsidérée et refuse de l'imiter.

Ces hommes sont utiles : ils sont instruits.

Nos vignes sont en fleurs ; mais les siennes sont mortes.

Ma main est blanche ; la tienne est brune.

Je refuse ta proposition ; j'accepte celle de mon cousin.

Reprenez ces livres-ci ; moi, je garderai celui-là.

Voici des murs sans lesquels on volerait chez vous.

J'ai vu hier les personnes auxquelles j'avais affaire.

Elles pleurent et nous rions.

Quand on demandait à Cornélie, mère des Gracques, si elle était riche, elle répondait : « Je le suis, » et elle montrait ses enfants, qu'elle appelait ses bijoux et ses richesses.

César avait un courage auquel rien ne pouvait résister.

Nul n'est content de son sort : chacun envie celui d'autrui.

Le plaisir le plus agréable est celui que l'on partage avec les siens.

Ce qui soutient l'homme dans l'adversité, c'est l'espérance que Dieu a laissée aux hommes comme dernière consolation.

Ces dames sont vertueuses : je tiens à me faire estimer d'elles.

Le feu est à cette maison, j'y cours.

La guerre est finie : j'en reviens.

§ 4. ANALYSE

(N° 60. — *L'élève analysera les pronoms suivants, ainsi que les noms, articles et adjectifs, sur la demande du maître.*)

Si j'étais riche et si le ciel me dispensait du travailler, je resterais à la campagne.

Venez nous voir : nous ferons ensemble la vendange.

Toi et moi, nous irons chez le ministre : quant à lui, il restera à la maison.

Lequel des deux est le plus sage, de vous ou de votre frère ?

Mon frère est allé rejoindre ma mère à Vichy : celle-ci est souffrante, celui-là est **guéri** de **sa** blessure.

On craint toujours de ne pas dire assez pour persuader aux autres ce qu'on ne croit pas soi-même.

Quelle récompense ont-ils obtenue? Ils ont chacun reçu un livre.

Pour vous perdre, il n'est pas de ressort qu'il n'invente; quelquefois il vous plaint, souvent même il vous vante.

Quand sur une personne on prétend se régler, c'est par les beaux côtés qu'il lui faut ressembler, et ce n'est pas du tout la prendre pour modèle, ma sœur, que de tousser ou de cracher comme elle.

Demandons simplement à Dieu ce qu'il nous faut : il connaît nos besoins mieux que nous, et il écartera de nous ce qui pourrait nous nuire.

CHAPITRE V — LE VERBE

§ 1. LE VERBE ET SON SUJET

(N°⁵ 61, 62 et 63. — *L'élève soulignera les verbes et les sujets.*)

Dieu a donné la vue au corps; il a accordé la pénétration à l'esprit.

Que l'âme s'élève vers le ciel; qu'elle le regarde comme sa véritable patrie. — Si je parle, vous m'écoutez; si vous m'écoutez, je m'applique à bien dire.

Se cacher ne détruit pas le péché. — Les premiers hommes vivaient étrangers au crime; nous, nous avons oublié presque la vertu.

L'univers est en paix, mon cœur seul est en guerre.

L'armée de Charles Martel et celle d'Abdérame se rencontrèrent aux environs de Poitiers, en l'an 732.

Saint Louis fit bâtir l'hospice des Quinze-Vingts pour trois cents soldats qui revenaient aveugles de la Terre-Sainte.

Dieu élève les humbles, il abaisse les superbes.

Charles VIII avait treize ans, lorsqu'il succéda à son père Louis XI, en 1483.

Le cultivateur laboure, il sème et il plante : Dieu donne l'accroissement.

La nuit du 13 octobre 1066, Guillaume fit annoncer aux Normands que le combat aurait lieu le lendemain : les prêtres, qui avaient suivi l'armée, récitaient des oraisons pendant que les guerriers préparaient leurs armes.

§ 2. LES TEMPS

(N° 64. — *L'élève mettra un* P *sur les temps présents, un* p *sur les temps passés, un* f *sur les temps futurs.*)

Je reviendrai. — Nous avons craint. — Nous serons aimés. — Il prie. — Avoir faim. — Vous avez soif. — Je fus chassé. — Ils ont trouvé. —

Les vents souffleront. — Je m'approchai. — Les moissons jaunissent. — Sa puissance sera grande. — Son courroux s'est manifesté. — Nous mourrons un jour.

Un sauvage tient plus à sa hutte qu'un prince ne tient à son palais.

Charlemagne savait, et il voulait que les autres sussent.

L'arche s'arrêta sur le mont Ararat.

Se lever et se coucher de bonne heure amène sagesse et santé.

Jésus meurt : et soudain la terre tremble, le soleil s'obscurcit, le voile du temple se déchire, les pierres se fendent, les sépulcres s'ouvrent, toute la nature est bouleversée.

Jeanne d'Albret, mère de Henri IV, mourut d'une pleurésie ; elle n'avait donc pas été empoisonnée, comme l'ont prétendu quelques historiens.

L'enfant qui voudra devenir un homme pensera souvent à Dieu, à ses parents, à lui-même.

L'air en est infecté : le flot qui l'apporta recule épouvanté.

Calvin naquit à Noyon en Picardie, l'an 1509 : c'est le père du calvinisme.

(N° 65. — *L'élève mettra un* s *sur les temps simples, et un* c *sur les temps composés.*)

Annibal a porté ses armes en Italie.

Je leur disais : « Je veux que vous soyez honorés. »

Vous avez éprouvé de la honte, quand vous

avez fait mal ; tant mieux, c'est que vous commencez à vous repentir.

Quand j'y ai réfléchi, j'ai toujours trouvé que rien n'est plus fragile que la vie des mortels.

Nous avons craint un moment de le voir périr au milieu des flots.

Clovis fut élevé sur le pavois à l'âge de dix-huit ans, c'était en l'année 481.

O homme ! souviens-toi que tu es poussière et que tu retourneras en poussière.

Hier, tu pouvais travailler ; aujourd'hui, tu le peux encore ; le pourras-tu demain ?

Tu tomberas certainement, si tu t'es appuyé sur une branche morte.

Marguerite de Waldémar a pu, par l'union de Calmar, en 1397, réunir les trois États scandinaves.

Que les temps sont changés !

Ta fille, Dupérier, eut des plus belles choses l'ordinaire destin ; et rose, elle a vécu ce que vivent les roses, l'espace d'un matin.

Après avoir cacheté cette lettre, tu la porteras à la poste.

(Nos 66, 67 et 68. — *L'élève devra dire, sur la demande du maître, quel est le temps de chaque verbe, et à quelle espèce de temps il appartient.*)

Celui qui comptait sur le hasard a dû bien souvent se tromper.

Parce que tu auras acquis de grandes richesses, crois-tu que tu auras conquis le bonheur ?

Je vis Mentor s'approcher : « Qu'as-tu fait de ta vertu, » me dit-il ?

Ce jeune homme à dix-sept ans a terminé ses études, quand les aurez-vous terminées ?

Quand Épaminondas eut embrassé son bouclier, il rendit le dernier soupir.

J'avais juré de ne plus vous voir ; mais j'ai compris que la colère ne donnait jamais que de mauvais conseils.

Je croyais pouvoir m'acquitter envers vous de ce que je vous dois ; mais il ne m'est resté qu'une somme légère : acceptez-là je vous prie ; le reste viendra bientôt.

Jeanne d'Arc avait une foi sincère, et elle aimait sa patrie : « Le cœur me saigne, disait-elle, quand je vois le sang d'un Français. »

Touchez-là, je consens à tout ce qui vous plaira.

Si vous ne l'arrêtez sur le penchant de sa chute, votre ami, entraîné par les passions, fera le malheur de ses parents, et causera sa propre perte.

La découverte de la poudre à canon changea l'ancien système de la guerre, et amena la chute de la chevalerie.

Un mal qui répand la terreur, mal que le ciel en sa fureur inventa pour punir les crimes de la terre, la peste, puisqu'il faut l'appeler par son nom, faisait aux animaux la guerre.

La boussole permet de naviguer loin des côtes.

Il a fait une si horrible tempête que plusieurs navires ont péri.

§ 3. LES MODES

(N°s 69 et 70. — L'élève mettra I sur l'indicatif, c sur le conditionnel, i sur l'impératif, s sur le subjonctif, inf. sur l'infinitif et p sur le participe des verbes suivants.)

Apprends ta leçon, si tu veux la savoir.

On aime les enfants sages et les hommes vertueux, parce que l'on sait qu'ils ne voudraient pas faire le mal.

Si tu étais venu à l'heure convenue, tu aurais pu dîner avec nous.

Il faut que dans huit jours je sois à Turin.

Christophe Colomb promit une récompense à celui qui apercevrait le premier la terre.

Aimant la campagne, j'y demeure souvent, et l'on ne m'y trouve jamais ennuyé.

Eurybiade menaçait Thémistocle de son bâton : « Frappe, mais écoute, » lui répondit le héros.

Faites ce que vous faites : ce dicton veut que vous portiez votre attention sur la seule chose qu'il est important que vous fassiez.

L'instruction est la seule richesse que la fortune ne puisse ravir.

« Avec un point d'appui, disait Archimède, je pourrais soulever l'univers. »

Il vaut mieux souffrir le mal que de le faire.

Si votre ennemi avait faim, vous devriez lui donner à manger.

§ 4. CONJUGAISONS

(N⁰ˢ 71, 72, 73 et 74. — *Le maître, après avoir expliqué, fait lire et apprendre par cœur ces quatre articles, s'assure, au moyen de questions variées, que l'élève sait et comprend.*)

§ 5. VERBES AUXILIAIRES

(N⁰ˢ 75 et 76.) — *La marche à suivre pour ces verbes, c'est d'abord de les expliquer, en faisant remarquer à l'élève les nombres, les personnes, les modes et les temps; ensuite de les faire lire et copier, puis de les faire apprendre par cœur, et enfin de s'assurer que tout est bien compris en faisant sur chacun des deux verbes des questions du genre de celles qui suivent.*)

Dites : la 1ʳᵉ pers. du plur. du futur antérieur.

La 3ᵉ pers. du sing. du subjonctif passé.

La 2ᵉ pers. du sing. du futur.

La 2ᵉ pers. du plur. du conditionnel plus-que-parfait.

Le participe présent.

L'infinitif passé.

La 2ᵉ pers. du plur. du conditionnel présent.

La 1ʳᵉ pers. du plur. du subjonctif imparfait.

La 3ᵉ pers. du singulier du subjonctif plus-que-parfait.

Le participe passé féminin.

La 3ᵉ pers. du plur. fém. de l'indicatif, imparfait, etc.

§ 6. VERBES MODÈLES

(N° 77. —*Le maître suivra la même méthode qu'aux n°s 75 et 76, et le modèle une fois bien connu, il exercera l'élève sur les exemples suivants.*)

Jouer, chanter, adorer, travailler, sauter, emporter, bavarder, demander, ébaucher, raconter, ôter, donner, séparer, parader, parler, consoler, reculer, entrer, souhaiter, compter, consacrer, marcher, planter, étrangler, jouer, gazouiller, fermer, entamer, enrouler, douter, dîner, discerner, lâcher, labourer, lutter, louer, mener, mépriser, marcher, porter, penser, frotter, éprouver, flatter, pardonner, profiter, mêler, empiler, reposer, charmer, etc.

(N° 78. — *Le maître suivra*, etc.) — Réussir, trahir, punir, réjouir, convertir, saisir, nourrir, rougir, rôtir, ravir, amollir, désunir, divertir, assortir, réunir, vomir, jouir, choisir, emplir, agir, rembrunir, embellir, chérir, ensevelir, obéir, vernir, ternir, avertir, assujettir, aigrir, bannir, choisir, convertir, divertir, chérir, engloutir, établir, flétrir, fleurir, fléchir, frémir, garnir, grandir, courir, mentir, dormir, maintenir, mûrir, noircir, ouvrir, partir, polir, choisir, pourrir, périr, prévenir, punir, recouvrir, remplir, rétablir, revenir, réussir, rôtir, saisir, sévir, servir, souffrir, subir, tarir, unir, vernir, vieillir, vomir, réjouir, élargir, fournir, bannir, convenir, etc.

(N°. 79. — *Le maître suivra*, etc.) — Apercevoir, concevoir, décevoir, percevoir, devoir, redevoir, échoir, émouvoir, entrevoir, pourvoir, valoir, surseoir, mouvoir, prévoir. — *Nota.* Il y a dans ce nombre quelques verbes irréguliers ; le maître avertira l'élève des différences.

(N° 80. — *Le maître suivra*, etc.) — Vendre, apprendre, attendre, défendre, prendre, dépendre, entendre, rompre, fendre, corrompre, tendre, fondre, perdre, prétendre, étendre, suspendre, tordre, répandre, confondre, répondre, conduire, abattre, mordre, épandre, conclure, écrire, craindre, connaître, battre, détordre, détruire, écrire, étreindre, perdre, permettre, prendre, rire, réduire, fondre, sourire, suivre, suspendre, médire, luire, décrire, tordre, élire, boire, joindre, lire, mettre, mordre, paraître, peindre, répondre, rompre, satisfaire, tendre, vendre, vivre, astreindre, contraindre, plaindre, fondre, tordre, disparaître, etc.

(N°s 81, 82, 83 et 84. — *Corrigez les fautes des verbes suivants.*)

Nous *avancons* rapidement. — Tu *commencais* à comprendre. — *Exercons* notre mémoire. — J'ai vu et entendu Cicéron *prononçant* un discours. — *Essuyez* vos mains. — Il faut que vous *étudiez* votre leçon. — Vous êtes coupable, quoique vous *niez*. — Nous *partagâmes* le différend. — Avant-hier, vous *balayez* la cour. — Il *paiera* la somme.

Efforcons-nous de parvenir. — Vous *employerez* votre temps. — Il faut que nous *plions* notre lettre. — *Corrigons* nos défauts. — Ne *forcons* pas notre talent. — Ils *changaient* de conduite. — L'ennemi *s'inquiéte :* voilà déjà six mois qu'il *assiége* inutilement cette ville. — Si nous *emploions* bien notre temps, nous ne nous *ennuyrions* pas.

Il faut que vous *étudiez* pour devenir savant. — *Placons* nos espérances dans le Seigneur. — Le froid nous *glacait.* — Il faut que chacun *paie* son tribut de souffrances. — Il faut que nous *plions* tous sous le joug de l'obéissance. — C'était vous que je *chargais* de cette commission. — Voulez-vous que je vous *envoye* vous promener..

Allégons les peines de nos parents par notre tendresse. — Nous vous *engagons* à persévérer. — Je désire que vous *essaiez* d'arriver. — Je l'*apercus* à peine, il s'*efforca* de s'enfuir. — Ne nous *appuions* pas trop sur nous-mêmes.—*Essaions* d'imiter les grands hommes. — Je suis fâché que vous vous *ennuyez.* — C'est au sommet du Parnasse qu'Apollon *siège* avec les neuf Muses.

(N°ˢ 85, 86, 87 et 88. — *Faites conjuguer et orthographier les verbes suivants.*)

Appeler, jeter, dépecer, atteler, becqueter, mener, élever, rejeter, peser, renouveler, voler, lever, chanceler, céler, projeter, feuilleter, épiler, étiqueter, décacheter, espérer, répéter, célébrer, harceler, céder, ficeler, considérer, empaqueter, inquiéter, régner, niveler, régler, rappeler, empiéter, piler, digérer, haïr, bénir, alléger.

(Corrigez les phrases suivantes.)

L'homme *projete* sans cesse, il s'*inquiete*, il *espere*, il *chancele*; il n'y a de sûr appui pour lui qu'en Dieu, s'il ne *désespere* jamais de la Providence. — Prenez des cierges *béni*. — C'est vous que j'*appele*. — Il faut que j'*achete* un livre. — Le laboureur *attele* son bœuf. — Les oiseaux s'*élèvent* dans les airs. — Faut-il donc que je vous *répete* toujours la même chose? — Le goût et l'ardeur *allegent* le travail.

Le sage *pese* toutes ses paroles. — Les paresseux *projetent* toujours et ils n'*achevent* rien. — Gloire à celui qui *protege* l'innocence! — Il faut que je *décachete* cette lettre. — Ne *harcelons* pas nos camarades. — Heureux celui qui *regle* ses actions sur la prudence. — Je ne vous *inquieterai* pas. — Ce n'est pas celui qui *feuillete* beaucoup de livres qui se *rappelera* beaucoup d'idées et de faits; mais celui qui *considere* attentivement et *pese* tout ce qu'il dit. — Je *haïs* les ingrats.

§ 7. FORMATION DES TEMPS

(N° 89. — Le maître fait conjuguer un verbe à l'élève, et lui fait remarquer chacune des cinq formes primitives.)

(N° 90. — Mettez à la 2ᵉ personne de l'impératif les verbes suivants.)

Je demande, je passe, je lève, je nais, je tombe, je perds, je reconnais, je soumets, j'adoucis, je remercie, je mets, je dis, je jette, je salue, je connais, je descends, je partage, je félicite, je revois, je chante, je poursuis, je remets, je vois, je cours, je cherche, je vis, je rentre, je couvre, je ressemble, j'étudie, je viens, je romps, je mens, je dis, je lutte, je bats, j'échappe, je respecte, je frémis, je grimpe, je montre, je réunis, je dors, je célèbre, je pénètre, je feins, je prends, je meurs, je pars.

(N° 91. — *Mettez à l'imparfait du subjonctif les verbes suivants.*)

Je vis, j'appelai, je suivis, je demandai, je connus, je bénis, je passai, je levai, je brûlai, j'interrompis, j'épuisai, je naquis, je crus, je tombai, je répondis, je consentis, je voulus, je reconnus, j'accomplis, je soumis, j'adorai, je remerciai, je suivis, je voulus, j'admirai, je peignis, je vis, je perdis, je vécus, je cherchai, je plus, je dis, je résolus, je méconnus, j'allai, j'accourus, j'entendis, j'échappai, je soupirai, je parvins, je tins.

(N° 92. — *Mettez au futur et au conditionnel les verbes suivants.*)

Assurer, répondre, frémir, reconnaître, rejoindre, cacher, émouvoir, plaire, supporter, attendre, soumettre, ouvrir, entendre, remercier, devoir, posséder, endormir, admirer, paraître, crier, peindre, flétrir, tempérer, suivre, brûler, adoucir, envelopper, condescendre, suivre, protéger, croître, armer, ordonner, ouvrir, ignorer, concevoir.

Émouvoir, affaiblir, détruire, attacher, tendre, fournir, partir, redire, vivre, guérir, donner, étonner, venir, prêter, applaudir, briller, flotter, retenir, peindre, poursuivre, entrevoir, obéir, espérer, conduire, attribuer, entreprendre, oublier, instruire, bâtir, craindre, regarder, pourvoir, fuir, suppléer, faire, circuler, partir, grandir, revenir, déconcerter, durcir.

(*N° 93. — Mettez aux 3 pers. du plur. du prés. de l'ind., à la 1ʳᵉ pers. de l'imparf. de l'indic. et à celle du prés. du subj. les verbes suivants.*)

Retraçant, mêlant, grandissant, souriant, tendant, reconnaissant, bégayant, soupirant, jouissant, accroissant, écrivant, remettant, conjurant, accomplissant, couvrant, mangeant, décrivant, subtilisant, découvrant.

Agissant, regardant, entrevoyant, permettant, luttant, cueillant, mourant, voyant, riant, gardant, forçant, pesant, gravissant, suivant, remplissant, résolvant, mordant, craignant, vainquant, démolissant, effrayant, éclairant, cousant, mettant, prenant, appelant, réussissant, plaisant, retournant.

(*N° 94. — Formez les temps composés des verbes avec les participes passés qui suivent.*)

Fait, apporté, couvert, béni, adopté, rendu, remis, déposé, mis, respecté, donné, puisé, dû, remarqué, connu, vaincu, irrité, revu, exécuté, bâti, lancé, plu, réussi, pris, changé, contenu, pourvu, joué, revêtu, appris, suivi, forcé.

Garni, retenu, cassé, amené, ouvert, perdu, absous, résolu, parti, ému, admis, cru, senti, détruit, forcé, tari, contraint, brisé, ébranlé, mort, remis, construit, abattu, renversé, craint, plongé, dû, répandu, fait, souffert, suivi, réuni, découvert, élevé, grandi, fourni, transmis, compris, soutenu,

§ 8. LE RÉGIME DES VERBES

(N°s 95 et 96. — *Soulignez dans ces phrases les régimes directs, et découvrez-les vous-mêmes en faisant la question* qui *ou* quoi.)

Blanche aimait Isabelle; elle avait partagé le bonheur de cette dernière. Un événement changea sa joie en larmes, quand Fritz apporta une lettre qui lui annonçait la mort de son amie. Elle perdit connaissance, et ressentit à la fois la surprise et la douleur. Des pleurs inondèrent son visage; ses enfants pleurèrent leur tante; ils ne devaient plus revoir cette tendre parente..

Le Seigneur, voyant la foi du paralytique, lui accorda la guérison.

Vous avez reçu des grâces du Seigneur; si vous voulez qu'il vous accorde de nouvelles faveurs, employez ses dons avec reconnaissance et avec sagesse.

J'ai vu, seigneur, j'ai vu votre malheureux fils, traîné par les chevaux que sa main a nourris.

Honorez votre père et votre mère, et vos enfants un jour vous respecteront.

Henri III, avant de recevoir la couronne de France, avait, sous le nom de duc d'Anjou, remporté la bataille de Jarnac et de Montcontour, et les Polonais l'avaient pris pour roi en 1573.

(N° 97. — *Soulignez les régimes directs et indirects, après avoir fait les questions nécessaires pour les découvrir.*)

Mon ami a fait ses études en province; il a assisté à tous les cours; mais il s'est senti porté vers la musique et il a vu tout le monde applaudir à ses talents. Il ne s'occupe plus que de chant; il prétend au titre de maestro. Il tombe dans la manie d'artiste; il refuse sa porte à ses amis, et ne vit plus que parmi les chanteurs. Apportez, je vous prie, un prompt remède à cette folie.

Que pensez-vous de la gloire? C'est un éclair qui brille au ciel un instant, et disparaît soudain à nos yeux.

Aimons nos amis pour eux-mêmes, et non pas pour nous; cela veut dire qu'il ne faut pas fermer les yeux sur leurs défauts, mais leur donner des avis utiles.

Je reviens de la guerre; j'ai combattu contre les ennemis de la France et j'ai plus d'une fois exposé ma vie à une mort presque certaine.

Le Chêne un jour dit au Roseau : « Vous avez bien sujet d'accuser la nature. »

J'ai reçu une lettre de ma mère et je lui ai répondu.

§ 9. LES HUIT ESPÈCES DE VERBES

(Nᵒˢ 98, 99 et 100. — *Soulignez les verbes auxiliaires ou substantifs, les verbes actifs et leurs régimes directs.*)

Adressons à Dieu nos prières; il portera sur nos intentions un jugement équitable; il mettra nos mérites dans une juste balance, et il prononcera sa sentence sur l'utilité de notre demande.

Il appartient à notre discrétion d'appuyer nos réclamations auprès de lui d'une grande pureté d'intention; s'il se refuse à notre satisfaction, restons soumis à ses décrets.

Soyons simples et nous serons aimables.

Dieu est bon.

Un bon soldat est prêt à recevoir la mort, plutôt que de consentir à abandonner son poste.

Dieu dit : « Que la lumière soit! » Et la lumière fut.

Nous sommes disposés à serrer la main de nos amis; mais nous détournons la tête à la vue de ceux qui nous sont hostiles ou indifférents.

Craignez un Dieu vengeur et tout ce qui le blesse : c'est là le premier pas qui mène à la sagesse.

Louis XII disait : « J'aime mieux voir les courtisans rire de mon avarice, que le peuple pleurer de mes dépenses. »

La première loi de l'honnêteté, c'est de ne faire à personne rien qui lui soit nuisible.

(N° 101. — *Conjuguez passivement les verbes suivants, et exercez-vous à changer l'actif en passif, le passif en actif.*)

Être écouté, être exposé, être retenu, être défendu, être appris, être établi, être élevé, être promis, être aperçu, être ouvert, être privé, être cru, être surpris, être cherché, être ramené, être confié, être vu, être épouvanté, être fait, être su, être attaché, être connu, être décidé, etc.

Mettez a l'actif. — J'eusse été défendu par mon ami. — Il serait surpris par les ennemis. — Nous avons été vaincus par les Français. — Tu auras été privé par tes fautes de la vue de Dieu. Je fus admis par le président dans cette assemblée. — Nous serons punis par Dieu de nos mauvaises pensées.

Mettez au passif. — J'adore le Seigneur ; mon cœur l'honore, ma main lui offre tous les jours le sel et l'encens. — « Je vous accorde la faveur de me voir, dit le roi ; je sais que vous m'aimez et que vous me servirez fidèlement. » — L'ennemi lance une grêle de traits ; les Français achèvent la victoire.

(N° 102. — *Conjuguez les verbes neutres suivants.*)

Arriver, décider, entrer, sortir, mourir, naître, partir, venir, survenir, retomber, demeurer, monter, rester, passer, descendre, sourire, pleurer, rire, trembler, frémir, frissonner, compatir, succomber, avancer, défaillir, marcher, éclater briller.

3

Resplendir, flotter, résister, périr, dormir, respirer, échapper, roussir, gravir, rougir, pâlir, combattre, gémir, retentir, jaillir, fumer, rayonner, soupirer, mourir, reculer, songer, couler murmurer, jouir, renaître, paraître, retourner, flotter, errer, beugler, disparaître, etc.

(N°^{os} 103 et 104. — *Soulignez et conjuguez les verbes réfléchis et mettez a sur les réfléchis accidentels, e sur les réfléchis essentiels.*)

Se conduire, se tromper, se suffire, se promener, se servir, s'imaginer, s'appliquer, se taire, se nuire, se plaire, se flatter, s'occuper, s'emparer, se suicider, s'envoler, s'en aller, s'élancer, s'asseoir, se divertir, s'évanouir, s'absenter, s'efforcer, s'empêcher, s'habiller, s'agenouiller, s'évader.

Se moquer, se vanter, s'attendrir, s'émouvoir, se souvenir, se rappeler, s'enfuir, s'étourdir, s'adresser, se contraindre, se rendre, s'adosser, s'appuyer, se lever, s'incliner, s'accouder, s'immoler, s'endormir, s'engourdir, s'amollir, s'épuiser, se flétrir, s'immiscer, s'annihiler, s'évanouir, etc.

(N° 105. — *Soulignez et conjuguez les verbes unipersonnels suivants.*)

Il vente, il tonne, il grêle, il faut, il importe, il dépend, il neige, il éclaire, il arrive, il semble, il appartient, il survient, il fait nuit, il fait jour, il se peut, il advient, il convient, il résulte, il paraît, il bruine, il gèle, il suffit, il fait froid, il fait chaud, il est besoin, il court, il se dit, il apparaît, etc.

(N° 106 et 107. — *Le maître, examinant successivement devant l'élève chacun des verbes du tableau lui fera connaître les* irrégularités *et les* défectuosités, *et s'assurera par des questions si l'élève a compris.*)

1° Quel est l'indicatif présent de *mentir*, de *mourir*, de *vaincre*, d'*envoyer*, de *faire*, de *suffire*, de *vivre*, de *voir*, etc.

2° Quel est le passé défini de *conclure*, de *taire*, de *croître*, de *pourvoir*, de *valoir*, de *tenir*, de *sortir*, d'*aller*, etc.

3° Comment font à l'infinitif les verbes dont l'indicatif présent est : *je vois, je veux, je trais, je mords, je souffre, je crains, je connais, je hais, je sais, ie tressaille,* etc.

4° Quel est le participe présent des verbes : *suivre, mettre, sortir, pleuvoir, rire, conduire, pourvoir, offrir, fuir, paraître, vaincre, faire, coudre, boire, asseoir,* etc.

5° Quel est le participe passé des verbes : *résoudre, échoir, venir, courir, acquérir, dire, confire, nuire, mouvoir, falloir, vêtir, mettre, écrire, bénir, aller, sentir, couvrir, surseoir, rompre, croire, croître,* etc.

6° Dites les formes primitives des verbes : *teindre, paraître, faire, clore, savoir, tenir, haïr, assaillir, couvrir, ouvrir, asseoir, vouloir, connaître, luire, résoudre, traire,* etc.

§ 10. **ANALYSE**

(N° **108.** — *L'élève analysera les phrases suivantes.*)

Vous êtes riches : vous devez avoir de (prép.) nombreux ennemis.

Vous dites : « La vertu est méprisée ; » croyez-moi, vous vous trompez.

La ville de Carthage fut fondée par (prép.) Didon, la ville de (prép.) Rome fut bâtie par (prép.) Romulus.

Les hommes sont clairvoyants dans (prép.) les affaires d'autrui ; ils sont certainement (adv.) aveuglés pour (prép.) les leurs.

Il faut savoir faire chaque chose en (prép.) son temps.

Nous sommes tellement (adv.) amollis par (prép.) de lâches pensées, que si (conj.) la mort vient nous atteindre plus tôt (adv.) que nous ne (adv.) l'attendions, il nous semble que (conj.) nous soyons dépouillés d' (prép.) un bien précieux.

Dieu ne (adv.) se voit pas (adv.) : il se reconnaît à (prép.) ses œuvres.

Il est moins (adv.) difficile de (prép.) vaincre ses ennemis que (conj.) de (prép) se vaincre soi-même.

Ne (adv.) nous contentons pas (adv.) de (prép.) plaindre les malheureux ; car (conj.) les larmes sèchent vite (adv.). Mais (conj.) secourons-les, autant qu' (conj.) il est en (prép.) nous, en (prép.) proportion de (prép.) leurs besoins.

Les Égyptiens avaient coutume de (prép.) ne pas (adv.) renfermer dans (prép.) le tombeau le corps du roi, après (prép.) sa mort, avant que (conj.) toutes ses actions eussent été examinées.

CHAPITRE VI — **LE PARTICIPE**

§ 1. **DÉFINITIONS**

(N⁰ˢ 109 et 110. — *Formez les participes présents et les participes passés des verbes qui suivent.*)

Recevoir, toucher, enchanter, répéter, enhardir, prendre, abattre, relever, partir, faire, dénouer, commencer, attendre, étendre, régner, appartenir, méditer, sonder, chercher, cacher, échauffer, préparer, saisir, frémir, voler, franchir, parcourir, connaître, ravir.

Apercevoir, voir, luire, succéder, jaillir, soumettre, marquer, entraîner, jouir, fuir, perdre, assoupir, dresser, pouvoir, tenir, écouter, laisser, sentir, devoir, croire, jeter, tomber, vouloir, coûter, obtenir, gémir, chérir, rendre, craindre, prévoir, présager, placer, sembler, protéger, siéger, retentir, mourir, confondre, etc.

(N⁰ˢ 111 et 112. — *Corrigez où il le faut les terminaisons en* ant, *marquez de* p *les participes présents et de* a *les adjectifs verbaux.*)

Les enfants, *travaillant* toujours, deviendront *savant.*

Ces exhalaisons sont *brûlant*. — Vous voyez ce soldat *marchant* à travers la mitraille, ne *dormant* jamais, *endurant* les fatigues les plus *accablant*.

Vous me contez des histoires *effrayant*.

Mes frères, *gardant* le souvenir de ma générosité *persévérant*, s'en montreront *reconnaissant* en me *persécutant*.

Léonidas partit, *gardant* avec lui le moins de soldats qu'il put, pour rendre sa victoire plus *brillant*, ou sa défaite moins *sanglant*.

Le mère *tremblant* laisse entrer pour la première fois son fils au milieu des dangers *effrayant* du monde.

Les flatteurs *craignant* de dire la vérité aux princes sont des amis, mais des amis *nuisant* plutôt qu'*obligeant*.

Néron, *détestant* les autres et détesté lui-même, est resté une figure *parlant* de la cruauté et de la colère.

§ 2. PARTICIPE PASSÉ

(N°s 113 et 114. — *Mettez l'orthographe des participes passés suivants qui sont tous au masculin singulier.*)

Des soles *frit*. — Les cerises sont *cueilli*. — Ils sont *tombé*. — Les connaissances *acquis*. — Nous sommes *assis* d'un côté, les dames sont *assis* de l'autre. — Des étoffes *cousu*. — Des tapis *rapiécé*.

Une guerre *terminé*. — Le devoir est *accompli*. — L'armée *vaincu*. — L'offrande *offert*. — Nous sommes *puni*.

Si elle fût *revenu* des champs, elle eût été *charmé* d'apprendre votre retour.

Les fleuves étaient *rempli* de cadavres, les rues *inondé* de sang, les ennemis *irrité* ne voulaient plus épargner personne.

Dès que la rivière sera *passé* par nos troupes, des signaux *fait* par ordre du général apprendront à nos amis que l'heure de l'attaque est *venu*.

Les anciens ont été trop *loué* et trop *ridiculisé;* ils n'étaient ni si grands ni si petits qu'ils ont été *imaginé*.

Ma sœur, plus *affligé* que ma mère, qui cependant a été bien *éprouvé*, ne veut voir autour d'elle que des cœurs *consolé*.

(N°s 115 et 116. — *Mettez l'orthographe des participes passés, etc.*)

Elles ont *vu* la mort de près.

J'ai *ouvert* les yeux, et la lumière les a *frappé*.

Les dangers que nous avons *couru* ne sont plus.

J'ai *acheté* une maison, et toi? — Je n'en ai pas *acheté*.

Vos lettres m'ont *affligé*, je les ai *lu* et *relu*, et je n'y ai pas *aperçu* cette tendresse que vous m'avez tant vanté.

« J'ai *souffert*, j'ai *pleuré*, nous a *dit* votre mère; » et vous ne l'avez pas *consolé!*

Alexandre a *remporté* autant de victoires qu'il a *livré* de combats.

Parmi les hommes, ceux que l'on a *élevé* et *grandi* au-dessus des autres ressemblent souvent aux épis : les plus hauts sont les plus vides.

La meilleure mère, c'est celle que ses enfants ont *chéri*, et non celle que ses enfants ont *craint*.

La France, que tant de discordes ont *agité*, semble enfin avoir reconquis ce calme que tous les bons citoyens avaient *désiré*. Sans parler de ces faux biens que l'homme a *tiré* des entrailles de la terre pour son malheur, c'est elle qui a *fourni* à tous nos besoins et souvent même à nos plaisirs.

(N° 117. — *Mettez l'orthographe des participes passés, etc.*)

Vous vous êtes *emparé* de lui et de son père ; se sont-ils *montré* dociles ?

Lise s'est *coupé*.

Jeanne s'est *coupé* le bras.

La gloire que vous vous êtes *arrogé* n'est pas si brillante que celle dont vous vous étiez *vanté*.

Ils se sont *rendu* à l'ennemi.

Ils se sont *prêté* une aide mutuelle.

S'est-elle *rendu* justice ?

Ma chatte s'est *enfui ;* mes serins se sont *envolé*.

Les années se sont *succédé ;* les chagrins se sont *suivi ;* la mort s'est *approché ;* mais aussi les gloires qui viennent après elle se sont *révélé* à nos yeux.

Les armées perses et Darius se sont *procuré* le sort qu'ils méritaient.

La sainte s'est *tourne* vers le Seigneur : aussitôt les persécuteurs se sont *regardé* les uns les autres ;

ils se sont *demandé* s'il était possible que la force ordinaire de l'homme se fût ainsi *développé* jusqu'au prodige.

Quand la vertu s'est *complu* en elle-même et s'est *admiré*, elle n'est plus la vertu.

N^{os} **118** et **119**. — *Mettez l'orthographe des participes passés, etc.*)

Il est *survenu* de grands froids.

Que de coups! j'en ai *reçu*, mais j'en ai *rendu*.

Après ce revers, combien de pertes nous avons *essuyé.*

Les guerres qu'il y a *eu* autrefois.

Les louanges que ce livre m'a *valu* ont-elles été *mérité?*

C'est cinquante centimes que ce caprice m'a *coûté.*

C'est dix ans que ce procès a *duré.*

Le peu de gloire que vous avez *obtenu* vous suffit, le peu de connaissances que j'ai *acquis* m'a *empêché* de faire mon chemin.

Combien de larmes a *versé* la mère du Sauveur, combien de plaintes elle a *proféré*, combien de gémissements elle a *poussé*, lorsqu'elle a *vu* son fils chéri mourant sur la croix pour expier les péchés des hommes.

Les arbres sont magnifiques cette année; j'en ai *vu* un grand nombre tout *couvert* de fruits.

Vous avez bien des livres, mais combien peu vous en avez *lu.*

Il nous est à peine *resté* soixante hommes valides.

Le peu de complaisance que vous avez *montré*

est la seule cause du peu de services qu'ils nous ont *rendu.*

Je vous ai *rendu* des services, vous les avez vîte *oublié.*

Les fables que vous avez *récité* sont les plus longues que j'aie *entendu.*

(N°s 120 et 121. — *Mettez l'orthographe des participes passés,* etc.)

La personne que nous avons *vu* jouer n'égale pas en talent celle que nous avons *entendu* chanter.

Je vous ai *procuré* tous les avantages que j'ai *pu.*

Les chevaux que j'ai *vu* ferrer sont vicieux.

Il lui a *confié* toutes les affaires qu'il a *voulu.*

Ramassez ces pièces que j'ai *vu* tomber.

Les étoffes que je vous ai *prié* d'acheter ne sont pas *arrivé.*

Je vous demande pardon ; je les ai *fait* porter chez vous.

En vain vous avez *prétendu* avoir *fait* tous les efforts que vous avez *pu*, je ne suis pas *satisfait,* puisque vous n'avez pas *terminé* tous les devoirs que vous auriez *dû.*

Je vous renvoie ces lettres : les unes semblent dire plus de choses qu'elle n'auraient *voulu ;* les autres en ont *avoué* plus qu'elles n'auraient *dû.*

Nous avons *visité* le jardin d'acclimatation : faut-il vous nommer les fleurs que nous avons *vu* s'épanouir, les oiseaux que nous avons *entendu* crier, les poissons que nous avons *senti* remuer.

Ces chiens que vous avez *entendu* aboyer, je les ai *fait* taire.

§ 3. ANALYSE

(N° 122. — *Faites l'analyse des phrases suivantes.*)

La lettre lue, votre père est arrivé.

On a quelquefois (adv.) rendu justice aux grands hommes, mais (conj.) après (prép.) leur mort.

Il a accepté la mort, il a obéi à la nature avec (prép.) résignation.

Sachons dissimuler les haines que les méchants nous ont inspirées; mais (conj.) résistons aux entraînements qu'ils croient avoir réussi à (prép.) nous faire suivre.

Viens; nous errerons dans (prép.) ces forêts verdoyantes, dans (prép.) ces bois fleurissants, auprès de (prép.) ces roches grisonnantes, dans (prép.) ces massifs exhalant mille parfums.

Louis XII a été admiré par (prép.) ses sujets autant qu' (conj.) ils l'ont aimé : de tous les titres qu'un peuple ait jamais (adv.) donnés à son prince, le plus beau c'est celui qui a été octroyé à Louis XII, je veux dire : le Père du peuple.

Les maux que nous avons soufferts ont eu seulement (adv.) l'importance que nous y avons attachée.

Pierre n'a pas (adv.) obtenu les succès rapides que vous lui aviez prédit que (conj.) son livre aurait.

Il y a des sottises bien habillées, comme il y a des sots bien vêtus.

Les belles actions cachées sont les plus estimables.

CHAPITRE VII — L'ADVERBE

§ 1. DÉFINITIONS

(N°s 13 et 24. — *Souliquez les adverbes et les locutions adverbiales.*)

Rendez promptement et avec équité ce qu'on vous a prêté.

Vous êtes fort désagréable.

Il se jette étourdiment dans le danger.

Vous ne serez pas indiscret impunément.

Il est arrivé trop tard, assurément il l'a fait à dessein.

Agissez obligeamment et charitablement à l'égard de tout le monde.

Tu es déjà fatigué! heureusement que tout est enfin terminé.

Il tomba mort sur-le-champ.

Il est plus aimable que vous, aussi comme on l'aime davantage.

Vous êtes heureux maintenant, mais combien de temps avez-vous souffert!

Votre maison ne vous a pas coûté moins cher qu'à la mienne.

C'est avec raison que l'on a dit que l'homme qui agissait avec le plus d'habileté, c'était celui qui usait avec sagesse des biens que la Providence a généreusement départis à tous les hommes.

La science procure plus de jouissances que les richesses.

Il a courageusement sacrifié à la patrie non-seulement sa fortune, mais encore sa propre vie.

N'agissez pas au hasard, mais calculez tout avec sagesse et avec bon sens.

§ 2. DIFFÉRENTES SORTES D'ADVERBES

(N°s 125 à 131. — *Placez* m, t, q, l, o, n, a, c, *pour indiquer s'ils sont des adverbes de manière, de temps*, de *quantité*, etc.)

Ici l'on rencontre des roses, là des dahlias, plus loin ce sont des œillets et des pavots ; on jouit délicieusement des mille charmes de ce jardin. Certainement on n'a jamais vu spectacle plus enchanteur.

Croyez-vous que l'on soit toujours injuste impunément ? plus le châtiment s'est fait attendre, plus le ciel agit avec rigueur.

Il y a trois personnes : premièrement, celle qui parle ; deuxièmement, celle à qui l'on parle ; troisièmement celle de qui l'on parle.

Peu de fortune, c'est assez pour le sage ; beaucoup de fortune laisse le sot dans l'embarras.

L'éclat du glorieux empire d'Alexandre n'a

pas brillé longtemps ; bientôt la discorde se répandit partout, et alors les provinces se détachèrent successivement.

Il vaut mieux souffrir mille morts, que de céder lâchement aux conseils des méchants.

Le trône de Louis XIV était étincelant d'or : on avait étendu par-dessus une draperie de velours : au bas était un magnifique tapis.

§ 3. ANALYSE

(N° 132. — *Analysez les phrases suivantes.*)

C'est devenir sage trop tard, que (conj.) d' (prép.) attendre la vieillesse.

« Tu me laisses peu de (prép.) gloire à acquérir, » disait tristement Alexandre à (prép.) son père Philippe.

Trop parler nuit : souvent il vaut mieux se taire.

Loin des cours habite la médiocrité qui donne ordinairement le bonheur.

Repoussez d'abord la haine de (prép.) votre cœur, ensuite vous viendrez offrir simplement la victime à (prép.) l'autel.

Faut-il accorder à (prép.) son ami les faveurs qu'il demande ? Oui, si (conj.) elles peuvent s'accorder conformément à (prép.) la justice ; non, si (conj.) elles blessent la conscience.

Ne faites jamais à (prép.) autrui, ce que vous ne voudriez pas que (conj.) l'on vous fît à (prép.) vous-mêmes.

L'honneur est comme une île escarpée et (conj.) sans bords ; on n'y peut plus rentrer dès qu' (conj.) on en est dehors.

La fleur naît le matin : le soir elle est flétrie.

Sans doute il faut songer à (prép.) soi ; mais (conj.) ce serait agir injustement que (conj.) d'oublier absolument les autres.

CHAPITRE VIII — **LA PRÉPOSITION**

§ 1. **DÉFINITIONS**

(N°s 133 et 134. — *Soulignez les prépositions et les locutions prépositives.*)

Vous revenez de Rome : avez-vous vu les antiquités qui se rencontrent dans cette ville ?

Soyez soumis à vos parents, respectueux à l'égard de vos supérieurs.

Il succombe sous les afflictions.

Courez au-devant de la mort plutôt que de rester à côté du mal.

La vertu l'emporte sur l'or.

Prenez pour vous la moindre part, si vous voulez qu'on vous serve avant tous les autres.

Nous partîmes de Paris vers dix heures du soir, et nous arrivâmes à une heure du matin aux environs de Chartres. Incertains sur le moment de notre retour, nous attendîmes jusqu'au lendemain pour recevoir la lettre d'avis : malgré nous, nous trahissions de l'impatience.

L'église de la Madeleine est située vis-à-vis du palais réservé à l'Assemblée législative. Au milieu de la place s'élève entre les deux monuments l'obélisque de Louqsor.

« Laissez venir à moi les enfants, » dit Jésus à ses disciples.

Vers midi, l'on voit arriver du côté de Lens une troupe de cavaliers.

§ 2. DIFFÉRENTES SORTES DE PRÉPOSITIONS

(N^{es} 135 à 139. — *Placez* t, c, l, o, conj. *ou* disj. *sur les prépositions, pour indiquer si elles sont des prépositions de temps, conditionnelles, etc.*)

Avant le déluge, les hommes vivaient jusqu'à l'âge de neuf cents ans.

Vous aurez cette terre, moyennant la somme de 4,000 écus.

De Paris au Japon, du Japon jusqu'à Rome, le plus sot animal à mon avis, c'est l'homme.

Que vouliez-vous qu'il fît contre trois? Qu'il mourût !

A vaincre sans péril, on triomphe sans gloire.

Depuis la fondation de Rome jusqu'à la naissance de Jésus-Christ, il s'est écoulé sept cent cinquante-trois ans.

A vivre auprès des grands, on perd bientôt la franchise de la pensée et la naïveté de l'expression;

il ne reste rien hormis un jargon convenu, approprié, pour persuader au prince qu'on croit et qu'on éprouve de bonne foi ce qu'on lui affirme.

L'homme vertueux est modeste; mais, nonobstant ses efforts pour rester ignoré au reste des hommes, il s'exhale de ses mérites je ne sais quel parfum mystérieux qui le révèle à tout le monde; il atteint presque à la gloire malgré lui.

Nul n'aura de l'esprit hors nous et nos amis.

§ 3. ANALYSE

(N° 140. — *Analysez les phrases suivantes.*)

Partez avant moi, mon ami : je courrai après vous et je vous atteindrai auprès du but.

Entre le peuple et vous, vous prendrez Dieu pour juge.

Comme les animaux se conduisent suivant la nature, nous devons nous conduire selon la raison.

Le prince m'a accordé cette grâce en faveur de votre protection.

A la lueur de l'incendie nous vîmes un cadavre étendu près de nous à terre.

Louis XII à la bataille d'Agnadel dit à ses courtisans : « Qui a peur se cache derrière moi ! »

Avant la découverte de l'imprimerie, les copistes étaient des ouvriers sans prix.

Outre les avantages de cette affaire, calculez, je vous prie, pour vous décider, qu'elle est juste et approuvée de Dieu.

En tout temps aujourd'hui l'on peut avoir des nouvelles. Autrefois on ne s'étonnait pas d'entendre dire : le télégraphe ne nous apprend rien touchant cette affaire, attendu le mauvais temps qu'il fait.

CHAPITRE IX — LA CONJONCTION

§ 1. DÉFINITIONS

(N°s 141 et 142. — *Soulignez les conjonctions et les locutions conjonctives.*)

Aimez le mérite, mais fuyez la louange.

Restez-là jusqu'à ce qu'il revienne.

Pierre et Paul jouent : ni l'un ni l'autre ne s'amuse.

Ou vaincre ou mourir, voilà la devise des braves.

En général, on meurt comme on a vécu.

Puisque Dieu est juste, il faut le craindre.

Quand vous êtes jeune, songez à la vieillesse.

Prenez garde à vos pas, car vous pourriez bien tomber.

Lorsque Titus régnait, une peste terrible ravagea Rome ; mais, pendant que les sénateurs ne songeaient qu'à préserver leur propre vie, l'empereur veillait et travaillait au salut commun.

Aussitôt que les Carthaginois furent vaincus, ils ne perdirent ni temps ni paroles ; mais ils prirent Amilcar pour général.

Quand refusons-nous d'entendre la vérité? c'est lorsque nous avons le plus intérêt à la connaître.

En cas que mon ami revienne, ayez soin que je sois prévenu.

§ 2. LES DIFFÉRENTES CONJONCTIONS

(*N° 143. — Mettez* c *sur les conjonctions, et* l.-c. *sur les locutions conjonctives.*)

Ni l'or ni la grandeur ne nous rendent heureux.

Vous riez et vous pleurez quand cela vous plaît, donc vous n'avez ni peines ni chagrins réels.

Le monde vous loue et vous encense ; cependant il sait ce que vous valez ; aussi faut-il admettre que ce sont vos dignités seules qu'il respecte.

Travaillez, tandis que vous êtes jeune, afin que vous puissiez vous reposer lorsque les années seront venues.

Il y avait autrefois des gens qui niaient tout et prétendaient ne rien savoir. Aussi un sage leur disait : « Ou vous savez ce que vous dites, ou vous ne le savez pas ; si vous savez ce que vous dites, convenez donc que l'on peut savoir quelque chose ; mais, si vous ne savez ce que vous dites, vous êtes des insensés, car il n'y a que les fous qui soient capables de parler sans savoir ce qu'ils disent.

De même que le feu éprouve l'or, ainsi l'adversité éprouve l'homme courageux.

Parce qu'il est malheureux, ne dites pas qu'il est coupable.

§ 3. **ANALYSE**

(N° 144. — *Analysez les phrases suivantes.*)

Vous êtes bon, et pourtant vous vivez avec les méchants !

Sortez, sinon j'aurai recours à la violence.

Il crie, il gémit, ainsi que l'oiseau qui a perdu sa mère.

Encore s'il m'était permis de consoler les autres prisonniers !

Nous serons longtemps à cette porte, vu que l'on ne laisse entrer qu'une personne à la fois.

Vous êtes élevé en dignité : donc vous avez des ennemis.

Lorsque je te vis pour la première fois, tu avais douze ans : il est facile de voir que tu es devenu maintenant un homme fait; mais es-tu devenu un sage ?

Supposé que vous soyez roi pour un jour, que feriez-vous ?

Nous devons aimer ce qui est aimable; or la vertu est aimable, donc nous devons aimer la vertu.

Quant à moi, je ne partage pas vos opinions.

Tandis que je jouirais du pouvoir, j'en profiterais pour rendre mes sujets heureux.

Et Alexandre, et César, et Napoléon, quoiqu'ils aient été des héros, ont eu leurs douleurs et leurs impuissances.

CHAPITRE X — L'INTERJECTION

§ 1. DÉFINITIONS

(N⁰ˢ 145, 146 et 147. — *Soulignez les interjec-tions et les locutions interjectives; donnez le sens de l'interjection.*)

Vous voulez entrer dans la voie du bien, mon enfant; courage! et surtout bonne volonté! mais, prenez garde! attention! vos ennemis chercheront à vous en détourner. Quoi! vous les écoutez! fi! c'est manquer de vigueur et de confiance. Mais non; je vois que vous continuez d'avancer. Bravo! le but est atteint.

Ah! Seigneur! que je souffre!

Oh! votre conduite est odieuse! Le maître vient: chut!

Parlerez-vous donc toujours? Holà! modérez votre caquet.

Vous ignorez ce qui fait le bonheur ici-bas; eh bien! c'est la vertu.

Victoire! l'ennemi est en fuite!

Allons! allons! encore un pas! Courage! nous arriverons.

Or çà! maître Grégoire! que gagnez-vous par an?

Mon père! hélas! monsieur, vous ne le verrez plus !

Oh! qu'il fait froid !

Ah! vous m'avez fait peur.

Ho! ho! l'affaire est vraiment plaisante.

§ 2. ANALYSE

(N° 148.) Aïe! je me suis écorché le doigt. — Ouf! la côte était rude! — Fi! vous devriez rougir de votre conduite. — Çà, garçon, montez-nous à boire. — Holà? cavalier, holà! veuillez arrêter un instant. — Paix! il me semble avoir entendu quelqu'un marcher. — Ah! malédiction! un fils insulter son père! — Ha! la plaisante figure! — Allons! il ne s'agit pas de reculer. — Oh! bon, je vous entends! — Doucement! doucement! prenons garde de le réveiller.

EXERCICES GÉNÉRAUX D'ANALYSE

La vie de l'homme est courte : il doit la ménager.

Le travail a deux avantages précieux ; premièrement, il nourrit l'ouvrier; secondement, il le rend vertueux.

« La jeunesse, » disait Mentor à Télémaque, est toujours présomptueuse; quoique fragile, elle croit pouvoir tout, et n'avoir jamais rien à craindre. La gloire n'a pas toujours les avantages qu'on lui attribue. »

Après la religion, l'honneur est le plus précieux des biens.

Tu prétends que je t'ai offensé, et je le nie : on n'offense personne, du moment qu'on n'a pas eu l'intention de le faire.

Oui, je viens dans son temple adorer l'Éternel : je viens suivant l'usage antique et solennel, célébrer avec vous la fameuse journée, où sur le mont Sina la loi nous fut donnée.

O misère! ô désespoir! nous n'avons plus de ressources! etc.

EXERCICES DE PONCTUATION [1]

L'époque des premiers Capétiens vit les communes s'affranchir des injustices et des abus que commettaient les seigneurs et il se forma des associations libres Les premières communes affranchies furent le Mans Cambrai Noyon Amiens etc

Elle vit aussi fleurir la chevalerie L'enfant noble après avoir exercé les fonctions de page et d'écuyer pouvait à vingt et un ans devenir chevalier Il jurait alors de défendre les faibles, de servir Dieu son prince et sa dame et de garder

1. Ce chapitre est extrait de l'*Epitome de l'Histoire de France*, qui fait partie de notre collection le *Trésor des Ecoliers*.

son honneur sans tache Les chevaliers essayaient entre eux leur valeur dans des joûtes ou *tournois*

Les arts et la littérature font des progrès l'architecture élève des cathédrales Guy d'Arezzo invente les chœurs de musique et Flavio d'Amalfi la boussole Les Universités forment leurs corporations les théologiens les chroniqueurs et les philosophes brillent en prose avec éclat les troubadours et les trouvères chantent leurs romans leurs contes et leurs fabliaux

FIN

PARIS. — IMPRIMERIE ÉDOUARD BLOT, RUE SAINT-LOUIS, 46.

LE TRÉSOR DES ÉCOLIERS

NOUVEAU

COURS D'ENSEIGNEMENT

PAR

M. H. HURÉ

CHEF D'INSTITUTION, A PARIS

Enseigner en père de famille.

PARIS

FRÉD. CANTEL, LIBRAIRE-ÉDITEUR

5, RUE HAUTEFEUILLE

LE
TRÉSOR DES ÉCOLIERS

NOUVEAU

COURS D'ENSEIGNEMENT

Par M. H. HURÉ

CHEF D'INSTITUTION A PARIS

———

Il nous a paru surprenant et regrettable que, dans le nombre considérable de livres destinés aux enfants, il s'en trouvât si peu qui fussent véritablement à leur portée, si peu qui aplanissent les difficultés élémentaires. On n'a pas assez compris, ce nous semble, que les premiers problèmes des connaissances ne doivent être abordés qu'après que leurs parties les plus gracieuses et les plus intéressantes ont pu être goûtées ; qu'il faut assimiler le savoir à ces esprits encore délicats, et leur donner d'abord l'appétit pour de plus sérieux enseignements.

C'était ainsi qu'un de nos devanciers, le véritable ami de l'enfance et de ses progrès, avait entendu l'éducation et le perfectionnement des jeunes intelligences. Son *Epitome historiæ sacræ*, le premier livre de lecture latine, est et restera le type inimitable du récit simple, vrai, intéressant, qui convient si bien aux enfants.

Admirateurs de cet homme si profond dans sa naïveté, dévoués comme lui à cette belle troupe enfantine qui sera la FRANCE après nous, l'éditeur et l'auteur de ces ouvrages ont cru que ce serait une action utile et certainement une bonne pensée que de fonder une vraie bibliothèque de l'enfance, c'est-à-dire une série de livres uniquement et réellement écrits pour elle et comme elle les aime. L'un y apportant le fruit de sérieuses études et de longs travaux, l'autre y contribuant par le sacrifice de son repos et par des risques sérieux, ils font paraître aujourd'hui le TRÉSOR DES ÉCOLIERS.

L'ensemble de cette œuvre comprend les principales facultés, et l'enseignement de chacune est partagé en *trois degrés*.

Le *premier degré* (LES ÉLÉMENTS) est le premier livre que le maître met aux mains de l'écolier : ce livre, l'enfant ne l'apprendra pas par cœur, mais il le lira, le relira deux fois, trois fois ; en sorte que ce qui aura frappé sa jeune intelligence dans ces premières lectures sera vivant pour toujours dans sa pensée et n'en sortira plus. Ce premier degré est destiné aux études du tout petit enfant qui demande à apprendre, mais à la condition de ne pas s'ennuyer et de continuer à rire, tout en devenant savant; il restera le livre unique des esprits lents et de courte portée, pour lesquels toute étude semble jusqu'à présent se résumer dans la lecture et l'écriture, et qui, en renouvelant plusieurs fois la lecture de ces simples œuvres, saura du moins à fond le peu qu'il lui aura été donné de comprendre.

Le *deuxième degré* (L'APPLICATION ET LE DÉVELOPPEMENT) est le deuxième livre de l'enfance, le livre que le maître a su faire attendre et désirer par les écoliers dont les progrès ont été les plus sensibles dans l'étude des premiers éléments, c'est-à-dire par les intelligences plus ouvertes et par là plus avides. Ces esprits exigent du livre au delà du fait isolé et agréablement orné; ils demandent déjà aux règles leurs applications, aux événements leurs suites. Le deuxième degré est destiné aux écoliers de neuf à dix ans, pour lesquels les *éléments* sont devenus insuffisants. C'est encore la limite d'enseignement des intelligences moyennes.

Le *troisième degré* (LA MÉTHODE) est le complément de toute instruction primaire, et l'aide presque indispensable des études secondaires. Le troisième degré doit rendre raison des lois et des phénomènes de la science élémentaire, il doit à la fois, expliquer la règle et son utilité pratique, il doit tenir compte et des causes et des effets.

Ces *trois degrés*, nous tenons bien à le dire et à l'affirmer, suivis assidûment, étudiés avec énergie par le jeune homme intelligent de seize à dix-huit ans, suffisent, sans qu'il recoure aux lumières du maître, à lui conférer la connaissance, et même à le mettre en état de la transmettre aux autres.

Or, ces ouvrages nouveaux, fruit mûri d'un travail consciencieux et d'une longue expérience, nous les soumettons avec confiance à l'appréciation éclairée de MM. les Instituteurs; nous attendons avec impatience leur jugement, et nous respecterons leur arrêt.

NOTA. — On comprend que le plan doit être restreint d'abord aux connaissances les plus simples et les plus utiles : les premières séries qui vont paraître, toutes à trois degrés, et dans l'ordre adopté, *éléments, développements, méthode,* sont :

1° *Histoire sainte.*	6° *Histoire de France.*
2° *Lectures morales.*	7° *Arithmétique.*
3° *Connaissances utiles.*	8° *Problèmes.*
4° *Grammaire française.*	9° *Géographie.*
5° *Exercices et modèles.*	10° *Atlas.*

HISTOIRE SAINTE

Par H. HURÉ

Chef d'Institution à Paris, auteur du TRÉSOR DES ÉCOLIERS

PREMIER DEGRÉ. — ÉLÉMENTS

---

1 volume in-12, cartonné. . . . . » 75 c.

PRÉFACE DE L'ÉDITEUR

S'il était possible qu'un homme instruit, bienveillant et ami de l'enfance, réunît autour de lui tous les enfants de ses parents et de ses amis, et leur racontât l'histoire du peuple de Dieu, quels charmes ne devrait-il pas offrir, quels efforts de simplicité et d'exactitude ne tenterait-il pas pour éclairer et intéresser à la fois son jeune et cher auditoire !

Cette pensée a dicté l'*Histoire sainte* destinée à entrer dans le cadre du *Trésor des Écoliers* On n'a omis aucun détail historique ayant quelque importance : seulement, comme un père parlant à ses enfants, l'auteur a recherché chaque petit drame de l'histoire sacrée, il en a fait un tableau particulier où il s'est plu à unir la vérité à l'intérêt. Chacun des chapitres, pris isolément, est une anecdote intéressante et complète, en même temps qu'une leçon d'histoire et une leçon de douce morale; en sorte que ce petit livre fera utilement un livre de lecture courante pour les enfants qui quittent l'alphabet.

Dans son *Epitome*, Lhomond a laissé quelques lacunes, mais il écrivait exclusivement pour les élèves de latinité, tandis que le petit livre de M. Huré s'adresse aux petits enfants de toutes les classes.

Quelques personnes ont bien voulu nous dire, dans leur excès de bienveillance, que, dans cette œuvre, Lhomond est surpassé.

La gloire modeste de ce respectable ami de l'enfance et le désir de l'imiter ont, il est vrai, été la première occupation de l'auteur; et, si Lhomond pouvait avoir un émule, nous dirions que nous l'avons dépassé dans l'ardent désir de faire un bon livre, une bonne œuvre.

FRÉD. CANTEL.

LECTURES MORALES

ET INSTRUCTIVES

PREMIER DERGÉ

HISTORIETTES ET CONVERSATIONS

PAR UN AMI DE L'ENFANCE

1 vol. in-12, cartonné.. **»** 75 c.

Ce petit livre est destiné aux enfants sitôt qu'ils sortent de l'alphabet. Le plus grand soin a été apporté à l'exécution typographique. Les premières prières y figurent intercalées dans le récit. Quant aux autres matières, on peut dire que ce sont les premières causeries de la mère avec son enfant. Du reste, la meilleure manière de parler de ce petit ouvrage c'est d'en montrer une page au hasard, avec les caractères de l'impression.

Les arbres ont des racines qui s'étendent bien loin sous la terre.

Les racines sont comme les jambes et les pieds de l'arbre.

Elles lui servent à se tenir debout.

L'arbre a un tronc ; c'est son corps.

Il a des branches ; ce sont ses bras.

Il a des rameaux ; ce sont ses doigts.

Sur les rameaux, il vient des feuilles et des fleurs.

Voici une fleur sur un pommier.

La fleur sera-t-elle sur l'arbre aussi long-temps que la feuille?

Non, mon ami.

Elle va bientôt se flétrir.

Peut-être dès ce soir.

Mais savez-vous ce qui viendra à la place de la fleur ?

C'est le fruit.

La pomme est le fruit du pommier.

Il viendra une pomme.

Si la fleur tombe ce soir, aurez-vous une pomme demain?

Oui, mais elle ne sera pas encore bonne à manger.

CONNAISSANCES UTILES

LE LIVRE D'OR

Par H. HURÉ

Chef d'Institution à Paris, auteur du TRÉSOR DES ÉCOLIERS

PREMIER DEGRÉ. — ÉLÉMENTS

1 vol. in-12, cartonné.. .. . . » 75 c.

Dieu a entouré l'homme des biens de la terre ; plus tard il lui a imposé la grande loi du travail, et, en lui donnant l'intelligence, il lui a permis de produire des biens nouveaux.

L'enfant, en se développant, rencontre à chaque instant ces richesses qui l'étonnent, et il devient questionneur. Est-ce son père qui lui répondra? Son père est distrait par les exigences de la vie et les soucis de position. Est-ce son maître qui suppléera au père? Le maître n'a déjà que trop peu de temps pour enseigner tant de choses à ses disciples. Et l'on compte que l'avenir donnera la solution de tous es problèmes qui surgissent et foisonnent dans ces gentilles têtes d'enfants !

Dans la foule des petits livres consacrés à réjouir l'enfance, qu'il se trouve au moins une petite place pour notre livre, chargé de répondre à ses ardentes et interminables interrogations, pour un livre simple, naïf, clair et gai, que Lhomond a oublié d'écrire et qui convient à l'enfant de la ville comme il est utile à l'enfant qui doit aider son père ou sa mère dans les travaux de la campagne.

Combien en est-il, à l'âge où l'on compte avec le temps, que l'absence des clartés élémentaires a éloignés des études qui touchent aux sciences, aux arts et à l'industrie, parce que l'étude en serait trop longue ! Et pourtant, cette étude serait si facile et si courte s'ils s'y étaient préparés quand ils étaient enfants, alors qu'une notion en entraîne une autre, alors qu'une question provoque une question, alors que l'on s'amuse des choses les plus ardues, si elles sont présentées sous le nom de plaisir, ainsi que nous avons cherché à le faire.

Qui sait si l'on ne devra pas à notre petit livre de bons agriculteurs et quelques génies inventifs ou perfectionneurs ?

GRAMMAIRE FRANÇAISE

Par H. HURÉ

Chef d'Institution à Paris, auteur du TRÉSOR DES ÉCOLIERS

Premier Degré. — Éléments

---

1 vol. in-12, cartonné. . . . . » 75 c.

Être simple, méthodique, complet ;

Éviter les complications de règles, les exceptions tirées d'exceptions ;

Supprimer toutes les obscurités et tous les embarras ;

Voilà ce qui distingue la grammaire de M. Huré de toutes les grammaires. Une application de huit années a prouvé qu'il n'est point d'intelligence, si faible qu'elle soit, qui ne puisse saisir l'ensemble même de nos règles et de nos lois grammaticales dans ce livre vraiment sérieux.

Tout s'y trouve en effet : après la leçon, l'exercice ; après la théorie, la pratique ; après l'enseignement de chaque mot de la langue, l'analyse de ce mot dans toutes ses circonstances.

Nous recommandons tout particulièrement aux Instituteurs un livre consciencieusement fait, supprimant les difficultés de l'étude, adoucissant le labeur de l'enseignement, et réalisant l'alliance si cherchée et si difficile : *utile dulci.*

EXERCICES FRANÇAIS

Par H. HURÉ

Chef d'Institution à Paris, auteur du *Trésor des Écoliers*

PREMIER DEGRÉ. — ÉLÉMENTS

1 vol. in-12, cartonné.. . . . . » 75 c.

Le savant et consciencieux professeur, à qui nous devons un excellent *Cours de Thèmes* en trois parties, M. Villemeureux, a compris avant nous la nécessité de trois degrés dans l'enseignement d'une langue; il n'a pas jugé indigne de ses efforts une première partie, tout élémentaire , contenant des exercices utiles et bien appropriés sur les déclinaisons des substantifs, sur les conjugaisons des verbes, sur les premières notions de la langue latine. Il a pu, par l'usage qui a été fait de ces livres, constater l'utilité de l'œuvre à laquelle il avait donné ses soins.

Eh bien! nous avons voulu faire, pour la langue de notre pays, ce que le docte professeur a fait pour la langue de Virgile et de Cicéron ; et, non content des exercices indiqués en passant dans la grammaire, nous avons réuni, dans un livre court et facile, tous les cas élémentaires, toutes les formes usuelles, toutes les modifications successives du nom, de l'article, de l'adjectif, du verbe, etc.

Déjà ce travail, si humble qu'il soit, a rencontré, avant son exécution, une objection qui semble sérieuse. Les enfants, a-t-on dit, usent du pluriel et du singulier, du masculin et du féminin, des personnes, des temps et des modes, avant même que leurs parents aient songé à les confier à un maître, bien avant que le maître leur ait mis un livre entre les mains. Cela est vrai, et cela est inévitable. Aussi l'enfant, si ses parents parlent mal, contracte l'habitude de parler comme eux ; aussi, jusqu'à ce qu'il ait entendu et mis en œuvre une grosse et difficile grammaire, il continue à mal parler ; aussi, si par malheur il est mal dirigé ou peu ouvert d'esprit, il continue jusqu'à la fin et enseigne à son tour à ses enfants à mal parler, et, l'on peut bien ajouter, à mal écrire.

Mais quand, pris au début, l'enfant sera obligé par le maître à l'application verbale ou écrite des éléments les plus simples, quand les exercices auront été renouvelés chaque jour et le livre répété au moins deux fois l'année, quand le maître ajoutera de son fonds des exercices supplémentaires à ceux qui n'auront pas été d'abord suffisamment saisis ; cet enfant sera mûr alors pour ces dictées trop nombreuses et pas assez claires qui se font en général prématurément, mais que notre élève comprendra sans peine, parce que, dans la suite des exercices et la gradation des petites difficultés, il aura appris l'histoire et les habitudes de chaque mot.

HISTOIRE DE FRANCE

Par H. HURÉ

Chef d'Institution à Paris, auteur du *Trésor des Écoliers*

PREMIER DEGRÉ. — ÉLÉMENTS

EPITOME

DE

L'HISTOIRE DE FRANCE

1 vol. in-12, cartonné.. . . . . » 75 c.

La pensée qui a dicté l'*Histoire sainte* du *Trésor des Écoliers* a présidé aussi aux récits de l'*Histoire de France*. C'est la même division par petits chapitres, si propre à la mémoire, aidant à l'intérêt et à la valeur du fond : chaque chapitre porte sa date et son titre, et après la seconde lecture faite par l'enfant, il peut bien arriver, si on l'interroge, qu'il se trompe d'un chiffre, mais il ne se trompera pas d'un siècle. Les petits drames successifs qui se déroulent facilement dans cette œuvre de goût, de patience et de bonhomie, sont la garantie la plus sûre du succès que M. Huré attend de ses travaux : intéresser l'enfance et l'instruire. Ce double but est atteint : en effet, l'on voit dès les premières pages, que le charme et la simplicité du récit n'ont pas fait oublier à l'auteur qu'il serait jugé par des critiques sérieux et pleins de conscience, par les Instituteurs eux-mêmes.

Nota. Voir la Notice de l'Histoire sainte.

ARITHMÉTIQUE

Par H. HURÉ

Chef d'Institution à Paris, auteur du *Trésor des Écoliers*

1 vol. in-12, cartonné. . . . . » 75 c.

Premier degré. — Éléments

Nota. Voir la Notice suivante.

PROBLÈMES

Par H. HURÉ

CHEF D'INSTITUTION A PARIS

PREMIER DEGRÉ — ÉLÉMENTS

1 vol. in-12, cartonné . . . . » 75 c.

Après les premiers calculs de tête faits sur des nombres simples, après les problèmes usuels que l'enfant résout de lui-même s'il est intelligent, on comprend qu'il faut à nos écoles un manuel théorique de calcul pour le premier âge, et que ce manuel a son complément nécessaire dans un recueil de problèmes.

Voilà les deux livres essentiels que nous offrons à l'appréciation de MM. les Instituteurs : la simplicité de l'œuvre est telle qu'un enfant vif et éveillé étudiera seul sa leçon théorique avec profit, et résoudra aisément les problèmes qui viennent à l'appui de cette leçon. Quel parti peut tirer un instituteur du texte naïf de cette arithmétique qu'il étendra et développera, qu'il appuiera d'exemples pris dans le recueil même de problèmes! Ce recueil est une mine féconde; les exercices peuvent être modifiés à l'infini et multipliés à volonté. Après un enseignement si complet, quand le livre lui-même donne l'exemple, et la manière de faire l'opération, quand il accumule les exercices, les problèmes, les combinaisons, l'élève qui a entendu le maître interpréter la leçon théorique apprend vite et presque seul la partie pratique du calcul si négligée aujourd'hui.

GÉOGRAPHIE

PAR H. HURÉ

CHEF D'INSTITUTION A PARIS, AUTEUR DU TRÉSOR DES ÉCOLIERS.

PREMIER DEGRÉ. — ÉLÉMENTS

1 vol. in-12, cartonné. . . . , ... ➤ 75 c

Qui n'est pas frappé de la confusion technique et de la multiplicité de noms qu'on rencontre dans les cours de géographie qui affichent le plus naïvement la prétention d'être élémentaires. Au fond de ce vice, il y a une pensée de progrès qui semble l'excuser; mais il n'en est pas moins regrettable que le petit enfant, notre ami, ou l'intelligence rebelle qui demande aussi à savoir, si peu que ce soit, n'ait pas encore trouvé un cadre restreint, bien éclairé, d'un seul plan, d'une simplicité exagérée peut-être, mais mettant sous les yeux, même sans carte, le pays tout entier dont il faut étudier la topographie.

Nous ne voulons pas, pour notre cher petit élève, de ces nomenclatures interminables de ces noms aussi nombreux que difficiles à prononcer, à peine une fois cités dans l'histoire, empêchant, par leur foule et leur confusion, la mémoire de retenir d'autres noms plus nécessaires, et ne satisfaisant que la vanité de l'auteur, tout glorieux d'avoir ajouté un nom nouveau et obscur à une liste déjà bien assez embrouillée

Nous ne voulons plus, pour cet esprit à peine ouvert et déjà si lucide, de ce mélange indigeste de fleuves, de montagnes, de lacs, de presqu'îles, de golfes, d'isthmes, etc., où, malgré la précaution, bien sage du reste, prise au commencement du livre, d'expliquer tous les termes qui seront employés, la tête légère et distraite de l'enfant se perd au milieu du chaos, prend un lac pour un golfe, une presqu'île pour un isthme, parce que, par une division simple et méthodique, on n'a pas pris la peine de séparer les différentes formes de terres des différents amas d'eaux.

Nous pourrions être moins sobres dans l'exposé des réformes tentées par nous pour l'élucidation d'une science bien simple, si elle est simplement exposée. Un mot suffit: nous avons appliqué à cette œuvre sans prétention la bonne pensée de Lhomond, qui a présidé à tout le recueil du *Trésor des Écoliers*.

ATLAS

PREMIER DEGRÉ. — ÉLÉMENTS

LE PREMIER ATLAS DE L'ENFANCE

Contenant dix cartes coloriées à teinte plate : la MAPPEMONDE, l'EUROPE, l'ASIE, l'AFRIQUE, l'AMÉRIQUE, l'OCÉANIE, la FRANCE *par bassins et par départements* et la FRANCE *muette*, avec *le tracé des chemins de fer;* en regard de chacune d'elles, une liste très-méthodique de tous les États, îles, mers, etc., et *deux nouvelles* CARTES DE PALESTINE, l'une destinée à l'étude de l'Histoire sainte, l'autre à la lecture de l'Évangile, Atlas pouvant suppléer à tout autre ouvrage de géographie.

Par FRÉD. CANTEL

1 vol. grand in-8. cartonné. . . . . » 90 c.

Le titre de ce petit ouvrage est parfaitement justifié par le plan qui a présidé à l'exécution. Présenter à l'enfant qui aborde la géographie la configuration des divers points du globe, les principales délimitations, et ne lui fournir d'abord pour ainsi dire que des points de repère importants et indispensables pour classer heureusement les connaissances géographiques qu'il doit acquérir plus tard, n'est-ce pas là une méthode rationnelle? Jusqu'ici est-il un seul *Atlas destiné à l'Enfance* qui ait réalisé cette méthode ? Non. Quand l'Atlas est destiné aux enfants, on se contente d'en réduire le format et de le rendre en un mot plus petit. Aussi quelle aide apporte-t-il au professeur?

Dans une inspection, il est arrivé qu'on s'étonnait de la force des élèves en géographie : « Quelle méthode suivez-vous donc ? » demandait-on au maître ; et celui-ci montrant le premier *Atlas de l'Enfance :* « Toute ma méthode, c'est de commencer par ce petit livre. »

Extrait du Rapport de la Commission pédagogique
du département de la Seine.

« Convaincue de tous les avantages que peut procurer à la société en général l'*Atlas de l'Enfance*, la Commission est unanime à demander qu'il soit approuvé et recommandé par la Société des Instituteurs et Institutrices de la Seine.

» La Commission a surtout remarqué la précision du texte, l'exactitude des cartes, la netteté du dessin et la pureté du coloris, c'est-à-dire, messieurs, que cet ouvrage ne lui a rien laissé à désirer. L'auteur a, de plus, rendu à l'enseignement un véritable service en mettant, par la modicité de son prix, le *Premier Atlas de l'Enfance* à la portée de tous.

» La Société des Instituteurs et des Institutrices espère que l'auteur ne bornera pas là ses utiles travaux, et qu'il lui fournira de nouveau l'occasion de lui adresser, avec ses remerciements, ses bien vives et bien sincères félicitations. »

ATLAS

DEUXIÈME DEGRÉ

Pour paraître prochainement :

ATLAS COMPLÉMENTAIRE

PHYSIQUE, POLITIQUE, HISTORIQUE ET COMMERCIAL

A L'USAGE

DE TOUTES LES CLASSES FRANÇAISES, POUVANT EN OUTRE SERVIR A LA PRÉPARATION

AU BACCALAURÉAT ÈS LETTRES

par

FRÉD. CANTEL

Renfermant douze cartes coloriées à teintes plates et ornées de gravures représentant les principales productions des différentes contrées :

1° Une carte de Cosmographie ;
2° Mappemonde avec figures des races humaines ;
3° Europe physique et politique jusqu'à nos jours ;
4° Asie ;
5° Afrique ;
6° Amérique septentrionale ;
7° Amérique méridionale ;
8° Océanie ;
9° Europe occidentale ;
10° Europe centrale ;
11° France historique jusqu'à nos jours ;
12° France politique et commerciale avec le tracé des chemins de fer les plus récents ;
13° Possessions françaises dans les différentes parties du monde ;
14° Carte sacrée pour l'intelligence des Écritures.

Cet ouvrage formera un beau volume in-4°, raisin.

CARTE

DE

LA PALESTINE

OU DE

LA TERRE SAINTE

D'APRÈS LES MEILLEURS AUTEURS ANCIENS ET MODERNES

DRESSÉE POUR L'INTELLIGENCE DE L'ÉCRITURE SAINTE

par

Le Docteur CHARLES BEILING

MEMBRE ET DIRECTEUR DE PLUSIEURS SOCIÉTÉS SAVANTES

Revue par FRÉD. CANTEL

APPROBATION DE N. S. P. LE PAPE

Cette carte, sur deux feuilles grand aigle, a 1 mètre, 10 sur 1 m., 35 ; chaque lieu mentionné dans l'Écriture sainte se trouve représenté par la figure du fait qui s'y est accompli, et, au-dessous de chaque dessin, est reproduite la citation de l'Écriture. Cette œuvre a été jugée digne d'être *dédiée à N. S. P. le Pape*, qui l'a revêtue de son approbation, à cause des lumières qu'elle apporte à l'étude de l'histoire sacrée, et du vif intérêt que son examen inspire aux personnes de tous les âges, et des grands services qu'elle est appelée à rendre.

PRIX DE LA CARTE : en noir.................... 10ᶠ »
— coloriée.................... 12 50

Montage sur rouleau, en plus.... .... 5 50

ON TROUVE A LA MÊME LIBRAIRIE

LE

TRÉSOR DES ÉCOLES

Par M. HURÉ

Chef d'Institution à Paris

PREMIER DEGRÉ. — ÉLÉMENTS

Histoire sainte, présentée par tableaux et épisodes. 1 in-12, beau papier; cartonné. . . . . 75 c.

Lectures morales et instructives, *historiettes et conversations*, ou Causeries d'une mère avec son enfant. 1 vol. in-12, beau papier; cartonné. . . . . 75 c.

Livre d'or (le), ou livre des *Connaissances utiles* aux enfants. 1 vol. in-12, beau papier; cartonné. . . . 75 c.

Grammaire française, avec Exercices et Analyses, rédigée d'après un plan nouveau. 1 vol. in-12, beau papier; cartonné. . . . . 75 c.

Exercices français. 1 vol. in-12, beau papier; cart. 75 c.

Épitome de l'Histoire de France, ou l'Histoire de France par anecdotes. 1 vol. in-12, beau papier; cartonné. 75 c.

Arithmétique, sur un plan nouveau. 1 vol. in-12, beau papier; cartonné. . . . . 75 c.

Problèmes d'arithmétique, 1 vol. in-12, beau papier; cartonné. . . . . 75 c.

Géographie de l'Enfance (la première). 1 vol. in-12, beau papier; cartonné. . . . . 75 c.

Atlas de l'Enfance (le premier), contenant 10 cartes, y compris 2 cartes pour l'étude de l'Histoire sainte. 1 vol. in-12, beau papier; cartonné. . . . . 90 c.

PARIS. — IMPRIMERIE ÉDOUARD-BLOT, RUE SAINT-LOUIS, 46.

www.ingramcontent.com/pod-product-compliance
Ingram Content Group UK Ltd.
Pitfield, Milton Keynes, MK11 3LW, UK
UKHW020019100726
13658UKWH00002B/993